essentials

Essentials liefern aktuelles Wissen in konzentrierter Form. Die Essenz dessen, worauf es als „State-of-the-Art" in der gegenwärtigen Fachdiskussion oder in der Praxis ankommt. Essentials informieren schnell, unkompliziert und verständlich.

- als Einführung in ein aktuelles Thema aus Ihrem Fachgebiet
- als Einstieg in ein für Sie noch unbekanntes Themenfeld
- als Einblick, um zum Thema mitreden zu können.

Die Bücher in elektronischer und gedruckter Form bringen das Expertenwissen von Springer-Fachautoren kompakt zur Darstellung. Sie sind besonders für die Nutzung als eBook auf Tablet-PCs, eBook-Readern und Smartphones geeignet.

Essentials: Wissensbausteine aus Wirtschaft und Gesellschaft, Medizin, Psychologie und Gesundheitsberufen, Technik und Naturwissenschaften. Von renommierten Autoren der Verlagsmarken Springer Gabler, Springer VS, Springer Medizin, Springer Spektrum, Springer Vieweg und Springer Psychologie.

Gerald Münzl · Michael Pauly · Martin Reti

Cloud Computing als neue Herausforderung für Management und IT

Gerald Münzl
Darmstadt
Deutschland

Michael Pauly
Aachen
Deutschland

Martin Reti
Stuttgart
Deutschland

ISSN 2197-6708
essentials
ISBN 978-3-662-45831-0
DOI 10.1007/978-3-662-45832-7

ISSN 2197-6716 (electronic)

ISBN 978-3-662-45832-7 (eBook)

Die Deutsche Nationalbibliothek verzeichnet diese Publikation in der Deutschen Nationalbibliografie; detaillierte bibliografische Daten sind im Internet über http://dnb.d-nb.de abrufbar.

Springer Vieweg

Gedruckt auf säurefreiem und chlorfrei gebleichtem Papier

Springer-Verlag Berlin Heidelberg ist Teil der Fachverlagsgruppe Springer Science+Business Media
(www.springer.com)

Was Sie in diesem Essential finden können

- Was ist Cloud Computing?
- Die Bedeutung von Cloud Computing und dessen Auswirkungen auf die Entwicklung von Unternehmen
- Welche Aspekte und Punkte bei einer Einführung von Cloud-Services zu beachten sind
- Grundlegende betriebswirtschaftliche Betrachtungen für den Einsatz von Cloud Computing
- Chancen aber auch Risiken, die die Nutzung von Cloud-Services beinhalten

Vorwort

Kaum ein anderer IT-Trend beherrscht in den letzten Jahren die Szene so sehr wie das Cloud Computing. Diejenigen, die erwarteten, dass der Hype vorüber geht, sehen sich enttäuscht; diejenigen, die als Protagonisten der IT-Revolution auftraten, dürfen miterleben, wie der Trend seinen Kinderschuhen entwächst und offenbart, dass die Informationstechnologie fundamentale Beiträge leisten kann, um ganze Branchen zu verändern.

Interessanterweise ist es jedoch nicht das ursprünglich von den Anbietern ins Feld geführte Argument der Kostenreduktion, sondern vielmehr das Argument der flexiblen Nutzung von IT-Ressourcen, die Anwender von einem Einsatz überzeugt.

Im vorliegenden Werk nehmen wir Sie als Leser mit in die Welt der Cloud. Wir illustrieren, wie sie sich heute darstellt und beschreiben, welche Potenziale gerade auch für Business-Entscheider darin stecken. Denn Cloud Computing ist schon längt kein Thema mehr für Technik-Freaks und Nerds, sondern bietet Unternehmen Möglichkeiten, sich dem Wettbewerb in einem zunehmend vernetzten und dynamischen Umfeld zu stellen.

Sie finden Impulse für einen konstruktiven Umgang und für eine kritische begleitete Einführung im Unternehmen. Wir haben auch nicht den kontroversen Themenkomplex Compliance, Recht und Sicherheit ausgespart. Unsere Gedanken dazu hat Dr. Michael Rath dankenswerter mit der Lupe des IT-Fachjuristen geprüft und überarbeitet. Wofür wir ihm zu großem Dank verpflichtet sind.

Neben eigenen Veröffentlichungen durften wir insbesondere auch auf grundlegende Papiere des BITKOM zum Thema Cloud Computing zurückgreifen. Einen besonderen Dank sprechen wir dafür auch den Autoren der Leitfäden und dem Herausgeber Dr. Mathias Weber vom AK Cloud Computing & Outsourcing des BITKOM aus.

Wir wünschen Ihnen eine gewinnbringende Lektüre.

Gerald Münzl, Dr. Michael Pauly, Dr. Martin Reti

Inhaltsverzeichnis

Abkürzungsverzeichnis

AO	Abgabenordnung
AWS	Amazon Web Services
API	Application Programming Interface
B2B	Business to Business
B2C	Business to Consumer
BITKOM	Bundesverband Informationswirtschaft,Telekommunikation und neue Medien e. V.
CapEx	Capital Expenditures
CDMI	Cloud Data Management Interface
CIO	Chief Information Officer
CPU	Central Processing Unit
CRM	Customer Relationship Management
CSP	Cloud Service Provider
CSV	Comma separated values, ein Dateiformat
EC2	Elastic Compute Cloud
ERP	Enterprise Resource Planning
FerD	Forum elektronische Rechnung Deutschland
GDPdU	Grundsätze zum Datenzugriff und zur Prüfbarkeit digitaler Unterlagen
GoBIT	Grundsätze ordnungsmäßiger Buchführung beim IT-Einsatz
GoB	Grundsätze ordnungsmäßiger Buchführung
HGB	Handelsgesetzbuch
HTTP	Hypertext Transfer Protocol
IaaS	Infrastructure as a Services
KMU	Kleine und mittelständische Unternehmen
KPI	Key Performance Indicator
NIST	National Institute of Standards and Technology
OpEx	Operational Expenditures
OCCI	Open Cloud Computing Interface

PaaS	Platform as a Service
REST	Representational State Transfer
S3	Simple Storage Service
SaaS	Software as a Services
SL/SLA	Service Level/Agreement
SOAP	Simple Object Access Protocol
SSL	Secure Socket Layer
TXT	Suffix für Text-Dokumente
VPN	Virtual Private Network
XBRL	Extensible Business Reporting Language
XML	Extended Markup Language

Management Summary

Cloud Computing wird von nahezu allen führenden Analysten als einer der Top-5-IT-Trends gesehen, der gegenwärtig aus der Hype-Phase in den Status der praktischen betrieblichen Umsetzung übergeht. Inzwischen wird nicht mehr diskutiert, ob Cloud Computing überhaupt eine praktikable Möglichkeit des IT-Sourcing ist, sondern vielmehr, wie diese Möglichkeit sich sicher und mit hohem Nutzen für Firmen einsetzen lässt. Die Diskussion um Cloud Computing ist in großen und kleinen Unternehmen zwar angekommen, auf eine einheitliche Definition für diese Art der IT-Nutzung konnte man sich indes immer noch nicht einigen; aber sehr wohl auf ein gewisses Grundverständnis.

Danach besteht eine Cloud aus drei, für den Anwender nutzbaren Serviceebenen:

- der unteren, der Infrastructure-as-a-Service-Ebene (IaaS),
- der mittleren, der Platform-as-a-Service-Ebene (PaaS) und
- der oberen, der Software-as-a-Service-Ebene (SaaS).

Entsprechend ihrer Organisationsform findet sich häufig die Unterscheidung in

- öffentliche, ein hochstandardisiertes IT-Leistungsangebot bereitstellende Public Clouds,
- von einem Unternehmen selbst betriebene individualisierte Private Clouds
- oder Mischformen, die sogenannten Hybrid Clouds.

© Springer-Verlag Berlin Heidelberg 2015
G. Münzl et al., *Cloud Computing als neue Herausforderung für Management und IT*, essentials, DOI 10.1007/978-3-662-45832-7_1

In der Praxis werden heute Cloud-Lösungen häufig noch für geschäftsunkritische Anwendungen eingesetzt: als Test- und Entwicklungssysteme, als Basis für Schulungssysteme oder auch als Infrastrukturpuffer für kurzfristig benötigte Rechen- und Speicherkapazitäten. Aber auch andere durchaus geschäftskritische Cloud-Anwendungen wie CRM- oder Collaboration-Lösungen werden zunehmend von Fachabteilungen – oft auch unter Umgehung der IT-Abteilung – verwendet. Solchen Tendenzen sollten Unternehmen insbesondere aus Sicherheits- und Compliance-Gründen frühzeitig zuvorkommen, indem sie pro-aktiv Cloud Computing in ihre strategischen IT-Planungen einbeziehen.

Denn Cloud Computing mit seinen Chancen und Risiken ist eine bedeutsame strategische Option, die Unternehmen bei intelligenter Nutzung viel Potenzial bietet und deren Realisierung durch begleitende Strategien und Maßnahmen kanalisiert werden muss. Dabei wird die Gesamtwirtschaftlichkeit einer Cloud-Nutzung immer vom Einzelfall, also den individuellen Gegebenheiten und Anforderungen des betreffenden Unternehmens abhängen. Da sind zum einen die allgemeinen Wirtschaftlichkeitsfaktoren, die aus dem Wesen des Cloud Computing selbst resultieren und zum anderen die konkreten Kosten- und Nutzenfaktoren, die in der spezifischen Situation des Unternehmens und seinen strategischen Perspektiven begründet sind.

Im Zentrum des vorliegenden Beitrages stehen geschäftsrelevante Überlegungen. Es wird aufgezeigt, wo die Vorteile aber auch die Stolpersteine beim Cloud Computing liegen und welche prinzipiellen Lösungen es gibt, um die Chancen zu realisieren und Risiken möglichst zu umgehen. Der Text richtet sich primär an Entscheider aus kleinen und mittelständischen Unternehmen (KMU) und interessierte Leser, die sich einen Überblick verschaffen wollen. Damit soll die Entscheidung pro Cloud sowie die Auswahl für einen Cloud Service und einen Service Provider erleichtert werden. Da insbesondere in KMUs der Mehrwert von Cloud-Angeboten oft unterschätzt wird, sollen die Chancen einer Cloud-Nutzung hervorgehoben werden:

- Durch eine Konzentration auf das eigene Kerngeschäft verkürzen Unternehmen ihre Fertigungstiefe. Sie können so Qualität, Wachstum und Wettbewerbschancen erhöhen. Sie können größere Marktanteile gewinnen, die wiederum Stückkosten senken und insgesamt die Marktposition stärken.
- Standardisierte, aktualisierte und konsolidierte Cloud-IT erleichtert und beschleunigt die Markteinführung neuer Produkte, schafft dadurch Wettbewerbsvorteile oder ermöglicht ganz neue Geschäftsmodelle.
- Da die Bezahlung von Cloud Services häufig nutzungsabhängig ist, reduzieren sich Investitionen in IT-Infrastruktur deutlich oder entfallen ganz. Diese Um-

wandlung fixer Investitionskosten in variable Kosten ermöglicht es, das nicht mehr gebundene Kapital beispielsweise in die Entwicklung und Einführung neuer Produkte, neuer optimierter Fertigungsprozesse oder den Ausbau des Vertriebs zu investieren.

- Unternehmen erhöhen ihre Flexibilität, indem sie Cloud Services nach Bedarf flexibel in Anspruch nehmen. Kosten und Nutzen entsprechen so dem tatsächlichen Bedarf und damit der Geschäftsentwicklung.
- Mit Cloud Computing können Unternehmen Auslastungs-, Personalkapazitäts-, Know-how-, Technologie- und Haftungsrisiken auf den Dienstleister verlagern; ebenso Kapitalbindung und Investitionsrisiken.
- Cloud Computing bietet eine verlässliche Verfügbarkeit der IT-Services sowie ein Niveau der IT-Sicherheit, die mittelständische IT-Anwender ohne die professionelle Unterstützung von IT-Dienstleistern mit vertretbarem Aufwand nicht erreichen können.

Unternehmen stellen heute besondere Ansprüche an eine zukunftssichere IT. Diese muss dem Unternehmen Marktchancen eröffnen, gleichzeitig aber auch sicher und zuverlässig sein. IT bzw. IT-Services müssen demnach folgende Eigenschaften besitzen: funktionell, schnell verfügbar, skalierbar, flexibel, sicher, zuverlässig, hochverfügbar, kostengünstig, effizient und transparent. Cloud Computing, als echte Sourcing-Alternative zum Eigenbetrieb oder dem klassischen Outsourcing, verspricht die Erfüllung solcher Anforderungen.

Die Einführung und die tägliche Nutzung von Cloud-Lösungen muss durch Strategien und gezielte Maßnahmen begleitet werden. Wenn Strukturen zur strategischen und operativen Steuerung des Cloud Computing frühzeitig im Rahmen einer pro-aktiven Pilotierung und begleitet von einer kommunizierten Cloud-Strategie entwickelt werden, wird der Nutzen von Cloud Computing – das zeigen praktische Erfahrungen – deutlich verstärkt. Wesentliche zusätzliche Vorteile können darüber hinaus aus einem übergreifenden Architektur-Management, einer angepassten IT-Governance sowie einem strategischen und operativen funktionalen Anforderungs-Management gezogen werden.

Wirtschaftlichkeit
Cloud Computing bietet die Chance, Investitionsbedarfe im Bereich der IT zu verringern und somit das in den bestehenden IT-Anlagen gebundene Vermögen für andere betriebliche Zwecke zu verwenden. Damit verändert sich zum einen die Bilanzstruktur des Unternehmens, zum anderen werden Up-front-Kosten für die Inbetriebnahme von IT-Anlagen reduziert. Darüber hinaus erlaubt die verbrauchsabhängige Fakturierung der bezogenen IT-Leistungen eine Feinsteuerung der Bedar-

fe und die Vermeidung von Leerkapazitäten. Dem gegenüber stehen Einmalkosten für die Inbetriebnahme der Cloud-Anwendung. Im Kap. 5 werden die Chancen des Cloud Computing zur Verbesserung der eigenen Wirtschaftlichkeit – getrennt nach Kostenfaktoren – aufgezeigt.

Compliance, Datenschutz, IT-Sicherheit und Zertifizierung
Etwa zwei Drittel der kleinen und mittelständischen deutschen Unternehmen benötigen kompetente IT-Unterstützung, die durch Cloud Service Provider erbracht werden können. Im Kap. 6 sind die Punkte zusammengefasst, deren Beachtung nach aktuellen Gesetzen und Anforderungen für den IT-Betrieb notwendig ist. Solange es keine weithin anerkannten internationalen Zertifikate für die Cloud Service Provider gibt, ist für den Cloud-Nutzer als Orientierung Folgendes wichtig: Normen und Zertifizierungen für Cloud Service Provider sollten sich an bereits bestehende und allgemein in der Branche akzeptierte Ansätze wie z. B. ISO 27001 und ISO 27002 anlehnen, die um essenzielle Cloud-Spezifika ergänzt werden. Die verschiedentlich angebotenen Gütesiegel haben nur eine eingeschränkte Aussagekraft.

Interoperabilität, Integration und Standardisierung
Die Normierung der Cloud hinsichtlich Interoperabilität und Integration ist derzeit Gegenstand politischer Initiativen auf nationaler und europäischer Ebene. Auch die Industrie und die Verbände versuchen, einheitliche Standards auf dem Markt zu etablieren. Mit Ausnahme von Webservice-Standards und der universellen Auszeichnungssprache XML haben sich bisher noch keine Standards auf breiter Linie durchgesetzt. Deshalb muss für jeden einzelnen Geschäftsprozess geklärt werden, welche Cloud Services integrierbar sind.

Einführung: Cloud Computing

Ein Paradigmenwechsel in der Informationstechnologie (IT) ist in vollem Gange, bei dem es vereinfacht gesprochen darum geht, IT-Ressourcen nicht mehr zu besitzen und selbst zu betreiben, sondern irgendwo in einem Kommunikationsnetz (oft im Internet) bereitgestellte IT-Kapazitäten bei Bedarf temporär zu nutzen – sprich als Dienstleistung bzw. Service zu beziehen[1]. Für diese Form der IT-Bereitstellung prägte Nicholas Carr 2008 in seinem Buch „The Big Switch" den Begriff „World Wide Computer"[2]. Er beschreibt dort sehr ausführlich den fundamentalen Wandel der IT, den Eric Schmidt in den 1990er Jahren, damals noch Chief Technology Officer von Sun, als „Computer in the Cloud" vorhersagte. Der Begriff „Cloud Computing" war geboren, und Schmidt darf als dessen Schöpfer gelten[3].

Wurde vor wenigen Jahren die Frage, ob es sich (wieder) um einen von der Industrie getriebenen Hype ohne praktischen Nutzen für Unternehmen handelt, noch überwiegend mit „ja" beantwortet, ist zwischenzeitlich eine differenziertere Betrachtung und eine ernsthaftere Auseinandersetzung mit dem Thema zu beobachten. Zusammenfassend kann man wohl festhalten: Die Frage „Hype oder nicht Hype?" stellt sich nicht mehr. Das Thema ist in der interessierten Fachöffentlichkeit, in der Politik, bei Unternehmen und in der Wissenschaft mittlerweile ange-

---

[1] Michael Pauly. Vom klassischen Outsourcing zum Cloud Computing. Industrialisierung im Outsourcing, C. Oecking, R. Jahnke, H. Kiehle, M. Weber (Hrsg.). CMP WEKA Verlag, S. 371–381, 2009.

[2] Nicholas Carr: The Big Switch – Der große Wandel, 2009, ISBN 978-3-8266-5508-1.

[3] Vgl. dazu auch: Did Google's Eric Schmidt Coin „Cloud Computing"? und zu weiteren Möglichkeiten der Entstehung des Begriffes „Cloud Computing" http://cloudcomputing.syscon.com/node/795054 (abgerufen am 30.8.2014).

© Springer-Verlag Berlin Heidelberg 2015
G. Münzl et al., *Cloud Computing als neue Herausforderung für Management und IT,* essentials, DOI 10.1007/978-3-662-45832-7_2

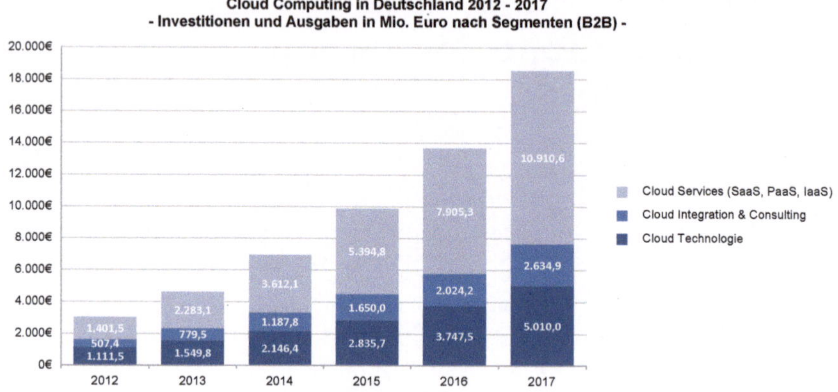

Abb. 2.1 Ausgaben für Cloud Computing 2012 bis 2017. (Experton Group 2013)

kommen; und in der IT-Industrie, wenn man die gewaltigen Investitionen in Cloud Computing anschaut, ohnehin.[4] Auch durch die jüngsten Diskussionen über die NSA-Spähaffäre rückt das Thema abermals in den Mittelpunkt des öffentlichen Interesses.

Der Cloud-Computing-Anteil am IT-Umsatz wird nach Schätzungen von Analysten[5] stark wachsen. 2014 werden allein in Deutschland rund um die geschäftliche Nutzung der Cloud etwa 7 Mrd. € investiert (Abb. 2.1). Drei Jahre später sollen es dann schon 18,5 Mrd. € sein; eine Steigerung von mehr als 167 %.

Die 7 Mrd. € in Deutschland sind nur ein kleiner Bruchteil der weltweiten Umsätze: PAC[6] geht für das Jahr 2014 von etwa 100 Mrd. € für den weltweiten Cloud-Markt aus, wovon der größere Teil mit Private Clouds generiert werden soll (Abb. 2.2).

Also alles Gründe genug, sich mit dem Thema Cloud Computing näher zu befassen.

---

[4] Vgl. dazu auch die Ausführungen bei Barton et.al. (Hrsg.) in AKWI-Tagungsband „Management und IT" 09–2012; ISBN 978-3-936527-30-8. Oder auch: http://www.silicon. de/41596720/cisco-steigt-ins-cloud-computing/ (abgerufen am 30.08.2014).

[5] Experton Group AG 2013 zitiert nach http://www.business-cloud.de/experton-studie-der-cloud-markt-steht-erst-am-anfang/ (abgefragt am 14.2.2014). Zu ähnlichen Werten kommt auch der BITKOM: http://www.bitkom.org/files/documents/BITKOM_Policy_Paper_ Cloud_Computing_2013.pdf (abgerufen am 14.2.2014).

[6] Philipp Carnelly, Nick Mayes, Cloud Services: Key Trends, Market InSight, PAC, Januar 2013.

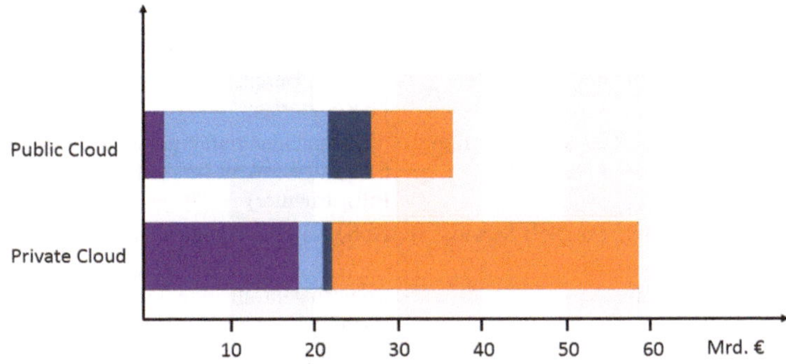

Abb. 2.2 Weltweite Umsätze mit Cloud-Dienstleistungen (PAC 2014)

2.1 Eigenschaften einer Cloud

Die Genauigkeit und Qualität der Diskussion leidet darunter, dass es (immer noch) keine einheitliche Definition für „Cloud" gibt – und wahrscheinlich nie geben wird. Die Frage, was eine Cloud ist und was nicht, wird je nach Interessenslage der an der Diskussion Beteiligten unterschiedlich beantwortet. So gilt auch hier: Nicht überall, wo „Cloud" draufsteht, ist auch „Cloud" drin.

Während einige Dienstleister ihr bestehendes traditionelles IT-Portfolio einfach mit dem Begriff „Cloud Computing" marketingtechnisch aufwerten, haben andere konsequent in Cloud-Lösungen investiert[7]. Auch auf der Nutzerseite herrscht eine babylonische Begriffsverwirrung. Auf die Frage, was in ihrem Unternehmen unter Cloud Computing zu verstehen ist, reichen die Antworten von „IT-Outsourcing-Modell" über „IT-Architektur" und „SaaS" bis „Software-Virtualisierung"[8].

Bereits 2009 haben Böhm, Leimeister, Riedl, Krcmar formuliert: *„Cloud Computing ist ein auf Virtualisierung basierendes IT-Bereitstellungsmodell, bei dem Ressourcen sowohl in Form von Infrastruktur als auch Anwendungen und Daten als verteilter Dienst über das Internet durch einen oder mehrere Leistungserbrin-*

---

[7] Beispielsweise salesforce.com, Amazon mit S 3 oder EC2, Microsoft mit Office 365, SAP Business by Design oder auch Google mit Google Apps.

[8] Martin, Wolfgang et al.: XaaS Check 2010; Ergebnisse einer empirischen Studie zum Status Quo und Trends im Cloud Computing; http://www.wolfgang-martin-team.net/download/ Bulletin_XaaSCheck2010_finsec.pdf (abgerufen am 30.8.2014).

Tab. 2.1 Merkmale einer Cloud

Geschäftsbezogene Merkmale	Technikbezogene Merkmale
Bereitstellung und Nutzung von IT-Ressourcen als Service	Flexible Bereitstellung skalierbarer IT-Ressourcen
Schnelle und flexible Ressourcen-Verfügbarkeit (in Echtzeit, „On-Demand")	Multi-mandantenfähige, gemeinsam nutzbare Infrastruktur (multi-tenancy, shared Infrastructure)
Ressourcen-Zuordnung im „Self Service" durch den Nutzer	Hohe Automatisierung/Standardisierung
Kurze Vertragsbindung	Logisch zentralisierte, virtualisierte IT-Infrastruktur
Keine oder nur minimale Vorabinvestitionen	Zugriff via Internet-Technologie (Browser) oder Apps (Smartphone/Tablet PC)
Abrechnung nach Nutzung, variable Kosten, (Opex vs. Capex)	Vollständige, lastabhängige Skalierbarkeit
	Messbarkeit des IT-Verbrauchs

ger bereitgestellt wird. Diese Dienste sind nach Bedarf flexibel skalierbar und können verbrauchsabhängig abgerechnet werden."[9]

In Ergänzung dazu hat der BITKOM die folgende Definition vorgeschlagen: *„Cloud Computing ist eine Form der Bereitstellung von gemeinsam nutzbaren und flexibel skalierbaren IT-Leistungen durch nicht fest zugeordnete IT-Ressourcen über Netze. Idealtypische Merkmale sind die Bereitstellung in Echtzeit als Self Service auf Basis von Internet-Technologien und die Abrechnung nach Nutzung."*[10]

Auf eine kritische Würdigung der verschiedenen Definitionen wird hier verzichtet, zumal dies die folgenden Überlegungen nicht wesentlich beeinflussen würde. Es genügt festzustellen, dass noch immer eine Vielzahl unterschiedlicher Cloud-Definitionen zu finden ist und sich im Markt eine einheitliche formale Definition nicht durchsetzen konnte. Was sich jedoch herausgebildet hat, ist ein gewisses Grundverständnis über jene technik- und geschäftsbezogenen Merkmale (Tab. 2.1), über die eine IT-Umgebung zumindest in hohem Maße verfügen sollte, damit von einer Cloud gesprochen werden kann[11].

---

[9] Böhm, Leimeister, Riedl, Krcmar: Cloud Computing: Outsourcing 2.0 oder ein neues Geschäftsmodell zur Bereitstellung von IT-Ressourcen, IM Fachzeitschrift für Information Management und Consulting, 2/2009.

[10] BITKOM: Leitfaden Cloud Computing – Was Entscheider wissen müssen. Berlin 2010, S. 15; http://www.bitkom.org/files/documents/BITKOM_Leitfaden_Cloud_Computing-Was_Entscheider_wissen_muessen.pdf (abgerufen am 30.8.2014).

[11] Michael Pauly. T-Systems' Cloud Based Solutions for Business Applications. In: R. Buyya, J. Broberg, A. Goscinski (Eds.). Cloud Computing: Principles and Paradigms. Wiley Verlag, New York, USA, 2011.

IT-Leistungen		Primäre Nutzergruppen
Vertikale und horizontale Anwendungen	**SaaS** Business: Google Apps for Business, Microsoft Online Services (Office 36599und CRM Online; Salesforce.com, WebEx, etc. Consumer: Microsoft Windows Live Services, etc.	Business Analysts, Fachabtei lungen, Wissenarb eiter, Privatkunden
Technische Frameworks, Plattf ormen	**PaaS** Force.com, Google App Engine, Microsoft Azure Services (SQl Azure, .NET Services	Architekten, Anwendun gsentwickler/- integration
IT-Basis- Infrastruktur und HW-Komponenten	**IaaS** Amazon EC2, ApNexus, HP Cloud Enabling Computing, Nicrosoft Windows Azure Platform, Sun Cloud, Profitbricks, Rackspace, Terremark, T-Systems DSI vCloud	IT-Betrieb/IT- Dienstleister, Cloud- Provider, Fachabteilung- en

Abb. 2.3 Ebenen von Cloud-Services nach IT-Leistungen und Zielgruppen.

2.2 Serviceebenen der Cloud

Wie muss man sich „eine Cloud" nun vorstellen? Die Anatomie einer Cloud lässt sich durch ein weitgehend akzeptiertes 3-Ebenenmodell mit den Service-Ebenen 1 bis 3 – auch „Service Models"[12] genannt – beschreiben. Auf diesen drei Ebenen (Abb. 2.3)[13] stehen die für den Anwender („Cloud Consumer") nutzbaren Cloud-Dienstleistungen zur Verfügung:

- auf der Software-as-a-Service-Ebene (SaaS) als Applikations- oder Anwen-dungs-Services (meist über einen Webbrowser oder eine App zu nutzen),
- auf der Platform-as-a-Service-Ebene (PaaS) als Entwicklungsumgebungs-Ser-vices und
- auf der Infrastructure-as-a Service-Ebene (IaaS) als Infrastruktur-Services

---

[12] NIST Cloud Computing Standards Roadmap, Special Publication 500–291, July-2011, S.15 http://collaborate.nist.gov/twiki-cloud-computing/pub/CloudComputing/Standards-Roadmap/NIST_SP_500-291_Jul5A.pdf (abgerufen am 30.08.2014).

[13] Quelle: BITKOM-Leitfaden: Cloud Computing – Evolution in der Technik, Revolution im Business, 10-2009 http://www.bitkom.org/files/documents/BITKOM-Leitfaden-Cloud-Computing_Web.pdf (abgerufen am 30.8.2014); Schatten IT macht bereits 40 % der Bud-gets aus, Antony Savvas, Dezember 2013, http://www.computerwelt.at/news/software/it-management/detail/artikel/99311-schatten-it-macht-bereits-40-prozent-der-budgets-aus/ (abgerufen am 21.8.2014); Gartner, von Mohammed Farooq zitiert in „The Top Three Prac-tical Use Cases for Cloud Brokerage" http://leverhawk.com/the-top-three-practical-use-ca-ses-for-cloudbrokerage-20130514279 (abgerufen am 31.8.2014)

Oftmals bauen die einzelnen Ebenen aufeinander auf, was jedoch nicht immer zwingend erforderlich ist.

Allen Ebenen ist dabei gemeinsam, dass IT-Ressourcen als abstrakte, virtualisierte IT-Dienstleistungen „as a Service" bereitgestellt werden, die typischerweise nutzungsabhängig abgerechnet werden. Damit kommt man der Vision, IT gewissermaßen aus der Steckdose zu beziehen, schon ziemlich nahe. Im Folgenden werden die Ebenen kurz skizziert.

- **Ebene 1: Infrastructure as a Service (IaaS)**
  Die Ebene 1 ist die „unterste" Ebene, zu der der Cloud-Anwender Zugang hat. Hier hat er Zugriff auf skalierbare Rechen-, Speicher- und Netzkapazität, bereitgestellt als IT-Dienstleistung mit hohem Automatisierungs- und Standardisierungsgrad, wobei er in der Regel unter verschiedenen Betriebssystemen (z. B. Linux, Windows Server) wählen kann. Er ordnet sich dort die virtuellen Systeme („Cloud Instances") selbst zu, nutzt sie und gibt sie nach Gebrauch wieder frei. Der Anwender verwendet „Infrastructure as a Service" entsprechend seinem Bedarf und unter seiner Verantwortung. Er muss sich insbesondere nicht etwa darum kümmern, ob beim Dienstleister dafür ausreichend „echte" Hardware- oder Netzkapazitäten vorhanden sind und wo auf der Welt die physische IT-Infrastruktur installiert ist. Er kann sich darauf verlassen, dass ihm im Rahmen der vertraglich vereinbarten Service-Level-Agreements (SLA) immer dann, wenn er es wünscht, die notwendigen IT-Ressourcen zur Verfügung stehen. Messgrößen auf der IaaS-Ebene sind beispielsweise CPU-Memory-Verbrauch („Compute Power"), GB/Zeiteinheit („Storage") oder auch das Datentransfervolumen (Netz). Bekannte Beispiele für IaaS-Services im B2B-Umfeld sind Amazon mit EC2 (Rechenleistung), S3 (Speicher), Rackspace, Eucalyptus oder auch GoGrid. Im Privatumfeld (B2C) steht die iCloud von Apple stellvertretend für eine Reihe vergleichbarer Angebote.
- **Ebene 2: Platform as a Service (PaaS)**
  Bei der Ebene 2 – der PaaS-Ebene – handelt es sich um den so genannten Middleware-Layer, auf dem, vereinfacht gesprochen, Software-Architekten und Anwendungsentwickler technische Frameworks – also Entwicklungsplattformen – als Services vorfinden. Zur Verfügung steht hier eine standardisierte Umgebung mit optimierten Middleware- und Datenbank-Services für die Portal- und Anwendungsentwicklung; weiterhin Services für Integration, Zugriffskontrolle, Sicherheit, Synchronisierung und Datenhaltung. Mit Hilfe solcher PaaS-Komponenten können unabhängige Software-Häuser und auch Endkunden Anwendungsbausteine für die oberhalb der PaaS-Ebene liegende SaaS-Ebene entwickeln und auch über Clouds hinweg integrieren. Software-Entwicklung

wird vereinfacht und beschleunigt, weil die dafür notwendige Umgebung weder selbst implementiert noch vorgehalten werden muss. So gesehen ist PaaS die produktive Basis für SaaS-Services. Beispiele bekannter PaaS-Services sind Azure (von Microsoft), App Engine (von Google), force.com (von salesforce.com), BusinessByDesign Studio (von SAP) oder auch Beanstalk (von Amazon).

Für die großen Anbieter sind ihre PaaS-Umgebungen marktstrategisch, denn sie dienen als Keimzelle für Cloud-Ökosysteme. Um die Entwicklungsplattformen der Großen sammeln sich kleinere unabhängige Software-Produzenten, die in diesen Entwicklungsumgebungen ihre eigenen SaaS-Lösungen entwickeln, die oft das SaaS-Portfolio des Plattform-Eigners ergänzen. Je mehr Partner sich für die jeweilige PaaS-Umgebung eines Providers entscheiden, umso stärker wird natürlich dessen eigene Marktposition und umso größer die Chance, seine Lösung als de-facto-Standard im Markt zu etablieren. Diese Möglichkeit haben die meisten der großen Cloud-Anbieter genutzt und ihre PaaS-Entwicklungsplattformen freigegeben. So beispielsweise die SAP ihr BusinessByDesign Studio[14], auch Microsoft, das Startups seine Azure-Umgebung kostenlos zur Verfügung stellt oder auch Beanstalk von Amazon, das für AWS-Kunden kostenfrei ist[15].

Weil heute herstellerübergreifende offene Standards noch nicht oder nur rudimentär existieren[16], begeben sich kleinere Softwarehäuser und auch Endkunden mit der Wahl ihrer Entwicklungsumgebung in eine, vom Cloud-Anbieter durchaus gewollte und nur unter hohem Aufwand revidierbare Abhängigkeit.

- **Ebene 3: Software as a Service (SaaS)**
  Auf der dritten Cloud-Ebene stehen dem Anwender in der Fachabteilung fertige Anwendungsservices in standardisierter Form zur Verfügung. Er kann – so zumindest die Vision – aus einem Service-Katalog online und automatisiert diejenigen Applikationsbausteine auswählen und zu einer ablauffähigen Anwendungslösung kombinieren, die am besten geeignet ist, seine Geschäftsprozesse optimal zu unterstützen. Dabei werden ihm die für die Lauffähigkeit der Anwendungslösung evtl. benötigten Services der PaaS-Ebene und die notwendigen Infrastrukturressourcen der IaaS-Ebene i. d. R. gleich mitgeliefert.

---

[14] Vgl.   http://bydprojekt.blogspot.de/2010/11/entwicklungsumgebung-fur-sap-business.html (abgerufen am 30.8.2014).

[15] Beanstalk steht Nutzern von kostenpflichtigen AWS-Services kostenfrei zur Verfügung. http://aws.amazon.com/de/elasticbeanstalk/ (abgerufen am 30.8.2014).

[16] OpenStack scheint auf einem guten Weg zu sein, sich als offener Cloud-Standard zu etablieren. Vgl. auch http://www.computerwoche.de/a/der-cio-im-openstack-dilemma,3065990 (abgerufen am 30.8.2014) und https://www.flickr.com/photos/renebuest/14901318661 (Rene Buest, Crisp Research) (abgerufen am 30.8.2014).

Voraussetzung dazu ist lediglich, dass die Anwendungsservices in einer einheitlichen PaaS-Umgebung entwickelt wurden, oder – besser noch – dass (offene) Standards und APIs existieren, die eine Kombination der Services ohne großen Aufwand ermöglichen.

Der Anwender erwirbt kein individuelles Nutzungsrecht an der Anwendung. Er teilt sie sich vielmehr mit anderen Nutzern in einem Multi-Mandanten-Modus („multi-tenancy"), bei der alle Anwender auf die gleiche aktuelle Version einer Software zugreifen. Diese unterliegt der Verantwortung des Cloud-Providers und dessen zentralen Entwicklungs- und Wartungsprozessen. Geeignete Techniken stellen dabei sicher, dass die verschiedenen Anwendungsumgebungen voneinander sicher abgeschottet werden. Modifikationen am Kern der Applikation im Sinne einer individuellen Anpassung sind damit für den Anwender nicht möglich. Beispiele für SaaS sind das CRM-System von salesforce.com, das ERP-System Business ByDesign aus dem Hause SAP oder auch die Office-Lösungen Office 365 von Microsoft oder Apps for Business von Google.

2.3   Mögliche Organisationsformen einer Cloud

Wie anfangs bereits ausgeführt, gestaltet sich die Diskussion um Cloud Computing überaus schwierig und oft oberflächlich, weil sie oft sehr unpräzise geführt wird. Dies liegt darin begründet, dass neben einer breit akzeptierten formalen Definition auch eine einheitliche Cloud-Typisierung nach wie vor fehlt bzw. die vorhandenen Ansätze Lücken aufweisen. Trotzdem – oder vielleicht auch gerade deswegen – hat sich in der Fachöffentlichkeit zumindest eine Erkenntnis durchgesetzt: Es gibt nicht die eine Cloud (Abb. 2.4).

Stark beeinflusst von den Initiativen des National Institute of Standards and Technologies (NIST) in den USA sind die Cloud-Formen („Deployment Models")[17]

- Public Cloud,
- Private Cloud
- Hybrid Cloud

heute weitgehend als Cloud-Ausprägungen akzeptiert.

Schwieriger gestaltet sich eine Systematisierung jedoch für solche Cloud-Formen, die als Community Cloud, Virtual Private Cloud, Storage Cloud, Application

---

[17] National Institute of Standards and Technologies; Cloud Computing Standards Roadmap, NIST CCSRWG – 060, Ninth Working Draft March 24, 2011, S. 12.

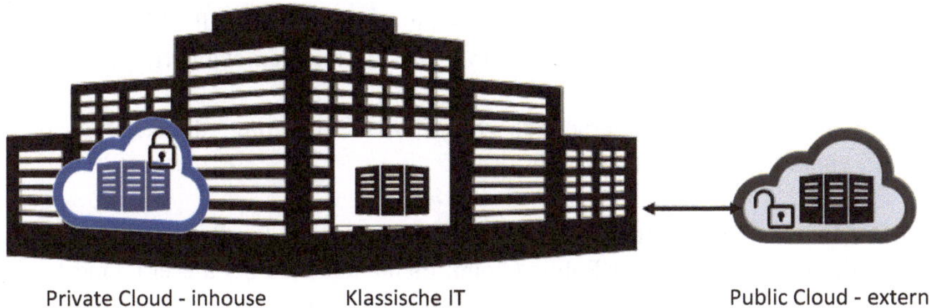

Abb. 2.4 Hybride Clouds entstehen durch die Kombinationen verschiedener Sourcing-Szenarien unter Beteiligung von Cloud Computing

Cloud, Communication Cloud oder Marketing-Fantasienamen durch die Fachpresse irrlichtern.

- **Die Public Cloud (auch External Cloud)**
  ist eine, sich im Eigentum eines IT-Dienstleisters befindliche und von diesem betriebene Cloud-Umgebung. Der Dienstleister ist im Besitz der Infrastruktur, der Software und aller übrigen Infrastrukturkomponenten. Mit dem Betrieb der Cloud bestimmt er über die Betriebsprozesse und die Sicherheitsmaßnahmen. Der Zugriff zur Cloud erfolgt in der Regel über das Internet. Viele Kunden (Unternehmen) teilen sich in der Public Cloud eine virtualisierte, in der Regel globale Infrastruktur. Die Nutzung erfolgt flexibel und schnell durch einfache Anmeldeprozeduren. Eine Public Cloud stellt eine Auswahl von kostengünstigen weil hoch-standardisierten Geschäftsprozess-, Anwendungs- und/oder Infrastrukturservices auf einer variablen „pay per use"-Basis zur Verfügung. Darüber hinausgehende individuelle Anpassungen an Geschäftsanforderungen des Cloud-Nutzers sind nicht möglich.

  Auf Compliance- und Sicherheitsaspekte und auf die Betriebsprozesse hat der Nutzer keinen Einfluss; auf die Art und den physischen Ort der Datenhaltung nur einen eingeschränkten: Er kann lediglich bei manchen Anbietern das geografische Gebiet grob festlegen, in dem sich seine Daten befinden sollen. Der Anwender erhält ein temporäres Nutzungsrecht an den Applikationsdiensten, den darunter liegenden Plattform- und Infrastruktur-Service-Komponenten auf der Grundlage allgemeiner Service Level Agreements (SLAs), die in den AGBs des Dienstleisters festgelegt sind.

  Die muss der Cloud-Anwender, will er die Dienstleistungsbausteine nutzen, in der Form einer Ja-Nein-Entscheidung durch Setzen eines Häkchens genau in dieser Form akzeptieren. Tut er dies nicht, stehen ihm die Services nicht zur Verfügung. Bekannte Beispiele von Public-Cloud-Angeboten sind salesforce.

com, Amazon Webservices (AWS), Google Apps, Microsoft 365 oder jüngst auch Public Cloud Services von IBM, HP und anderen etablierten IT-Dienstleistern.

Wenn heute umgangssprachlich von „Cloud Computing" die Rede ist, wird oft eine Public Cloud unterstellt.

- **Die Private Cloud (auch Internal oder Enterprise Cloud)**
  ist der Gegenentwurf zur Public Cloud. Es handelt sich bei dieser Cloud-Form um eine auf Basis einer Cloud-Architektur entwickelte unternehmensindividuelle und vom Unternehmen oft selbst betriebene Cloud-Umgebung. Der Zugang ist beschränkt: nur für das Unternehmen selbst, evtl. autorisierte Geschäftspartner, Kunden und Lieferanten. Der Zugriff wird i. d. R. über ein Intranet (ein Virtual Private Network) erfolgen. Bei einer Private Cloud handelt es sich um eine effiziente, standardisierte und sichere IT-Betriebsumgebung unter Kontrolle des Unternehmens, die individuelle, auf die Geschäftsanforderungen und Geschäftsprozesse des jeweiligen Unternehmens zugeschnittene Anpassung erlaubt. Private Clouds kompensieren zwar die Nachteile von Public Clouds, erreichen aber oftmals nicht deren Economy of Scale.

- **Die Hybrid Cloud (auch Multi Cloud[18])**
  Jede mögliche technische und organisatorische Verknüpfung von Clouds untereinander oder eine Kombination mit einer traditionellen IT-Umgebung bezeichnet man als Hybrid Cloud. In der täglichen unternehmerischen Praxis werden aus Gründen des Investitionsschutzes auf absehbare Zeit solche Cloud-Mischformen überwiegen. Die Herausforderung besteht darin, die bestehende IT-Umgebung einerseits mit den Services von Private und/oder Public Clouds andererseits auf der SaaS-, PaaS- und IaaS-Ebene zu einer sicheren Hybrid Cloud so zu integrieren, dass keine „Anwendungsbrüche" entstehen. Der Endanwender an seinem Eingabegerät erwartet eine flexible und trotzdem integrierte, den Geschäftsprozess optimal unterstützende Anwendungslösung. Unabhängig davon, ob diese Applikation oder Teile davon von einer Private Cloud, von einer Public Cloud oder von der traditionellen IT-Umgebung zur Verfügung gestellt werden. Letztendlich entscheiden Sicherheit und Service-Integration („Interoperabilität") über die Akzeptanz und damit über den Erfolg des Cloud Computing-Modells.

---

[18] Z. B. bei Tim Harmon, Forrester auf https://www.youtube.com/watch?v=RQp2jSOMhKU (abgerufen am 3.9.2014)

Chancen und Risiken einer Cloud-Nutzung

3

Die Einsatzmöglichkeit von Cloud Computing in Unternehmen – unabhängig von deren Branche und Größe – ist vielfältig[1]. Vielfach greifen Nutzer nicht nur aus den IT-Abteilungen[2,3] bereits heute auf IaaS-Lösungen zurück und setzen diese ein als:

- Test- und Entwicklungssysteme[4],
- Basis für Schulungssysteme
- Betriebsumgebung für lastdynamische Web-Applikation
- Infrastruktur-Puffer für kurzfristig benötigte Rechen- und Speicher-Ressourcen.
- High Performance Computing-Infrastruktur

---

[1] BITKOM-Leitfaden. Wie Cloud Computing neue Geschäftsmodelle ermöglicht, 2013.

[2] Schatten IT macht bereits 40 % der Budgets aus, Antony Savvas, Dezember 2013, http://www.computerwelt.at/news/software/it-management/detail/artikel/99311-schatten-it-macht-bereits-40-prozent-der-budgets-aus/ (abgerufen am 21.08.2014).

[3] Cloud und die Schatten-(IT-)Welt, Max Schulze, Techconsult, Jan. 2014 http://www.silicon.de/41594729/cloud-und-schatten-it-welt/ (abgerufen am 21.08.2014).

[4] James Staten, Forrester Research, Three Keys to Using IaaS Public Clouds Wisely, http://www.cio.com/article/505318/3_Keys_to_Using_IaaS_Public_Clouds_Wisely 2009.

© Springer-Verlag Berlin Heidelberg 2015
G. Münzl et al., *Cloud Computing als neue Herausforderung für Management und IT*, essentials, DOI 10.1007/978-3-662-45832-7_3

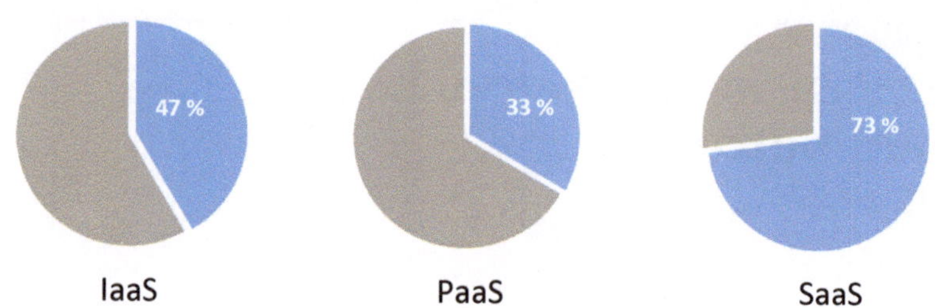

Abb. 3.1 Cloud Computing: Einsatz der verschiedenen Service-Ebenen in deutschen Unternehmen

Aber auch andere Cloud-Angebote aus dem Bereich SaaS, wie z. B.

- ERP- und/oder CRM-Lösungen[5,6] (z. B. Salesforce.com, SAP Business by Design)
- Collaborations-Lösungen[7] (z. B. WebEx oder GoToMeeting)

kommen in den Fachabteilungen laut Analystenhaus Gartner zunehmend zum Einsatz. 33 % der deutschen Unternehmen haben Stand 2013 PaaS im Einsatz, 47 % IaaS und 73 % SaaS[8] (Abb. 3.1). Cloud Computing hat sich als Sourcing-Alternative etabliert[9,10].

Untersuchungen von IDC geben zwar andere Absolutzahlen wieder, veranschaulichen aber, wie sich der Cloud-Computing-Einsatz in Deutschland zwischen 2009 und 2013 entwickelt hat: Waren es bei dieser Befragungsgruppe und Methodik 2009 lediglich 9 % der Unternehmen, die Cloud Computing nutzten, stieg der

---

[5] Marktübersicht Kundenmanagement aus der Cloud, Diego Wyllie, Techchannel http://www.tecchannel.de/index.cfm?pid=25223&pk=2040557&p=3 (abgerufen am 26.08.2014).

[6] CRM in der Cloud, Update Software AG, 2013 http://whitepaper.haufe.de/marketing-vertrieb/CRM-in-der-Cloud/,146,295,48 (abgerufen am 15.08.2014).

[7] The Forrester Wave™: Cloud Strategies Of Online Collaboration Software Vendors, Q3 2012.

[8] Gartner zitiert in Harvard Business Manager, http://www.harvardbusinessmanager.de/blogs/a-978836.html (abgerufen am 15.08.2014).

[9] Cloud Computing im IT-Mainstream angekommen, Stefan Ried, Forrester, Oktober 2013, http://www.cio.de/was_ist_cloud_computing/2934248/index.html (abgerufen am 31.08.2014).

[10] James Staten in zdnet.com, 2014, http://www.zdnet.com/cloud-computing-enters-its-secondstage-hypergrowth-ensues-7000028754 (abgerufen am 31.08.2014).

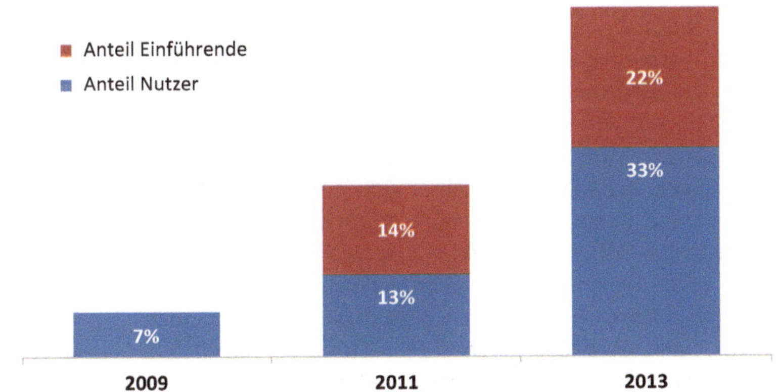

Abb. 3.2 Entwicklung des Cloud-Computing-Einsatzes in Deutschland. (IDC 2011 und 2013)

Anteil 2011 auf 13 %. Im Jahr 2013 stieg der Nutzeranteil bei dieser Befragungsgruppe auf 33 %. Zusätzlich führten 2013 22 % (Abb. 3.2) Cloud Computing ein[11].

Die vielen Facetten von Cloud Computing, die die verschiedenen Service-Ebenen repräsentieren, zeigen, dass die Möglichkeiten, Cloud Computing im Unternehmen einzusetzen, von Fall zu Fall stark variieren können. IaaS spricht eine andere Klientel an als SaaS. Neben der Art des genutzten Services und dessen Standardisierungsgrad muss vor dem Einsatz die Bedeutung des Cloud Service für das Unternehmen geklärt werden. Auch die Größe und Struktur des Unternehmens ist für den Einsatz von Cloud Computing eine wesentliche Rahmenbedingung.

Bei etablierten Unternehmen werden Cloud Services beispielsweise ergänzend zu den bestehenden IT-Kapazitäten und Services genutzt. Hier stehen Integration und möglicherweise die reibungslose Migration von Services im Vordergrund. Bei Start-ups hingegen, die von vornherein auf Cloud Services setzen, erübrigen sich solche Fragestellungen.

Cloud Computing eröffnet kleinen und großen Unternehmen mit seinen spezifischen Eigenschaften wie dynamischer Verfügbarkeit neue Optionen: Das unökonomische Vorhalten eigener Ressourcen, die einen Großteil der Zeit nicht genutzt werden, entfällt. Die Last der zeitnahen Bereitstellung trägt der Provider. Damit wird Cloud Computing zu einem Instrument, das Investitionsrisiken minimiert.

---

[11] IDC, Lynn Thorenz, Multi-Klienten-Studie Cloud Computing in Deutschland, März 2011 und IDC, Matthias Kraus, Multi-Klienten-Studie Cloud Computing in Deutschland 2013, Juli 2013.

Einsatzbeispiele
Die ad-hoc-Verfügung zusätzlicher Ressourcen hilft Lastspitzen im IT-Betrieb zu begegnen, um die Erreichbarkeit von Web Services bei hohen Zugriffszahlen sicherzustellen. Auf der anderen Seite können die hinzugefügten Ressourcen auch kurzfristig wieder zurückgegeben werden, beispielsweise SaaS, die Office-Funktionalität bieten, beim Abschluss eines Kundenprojekts. Ein naheliegendes Einsatzszenario, um diesen Geschwindigkeitsgewinn ausnutzen, findet sich bei der Entwicklung von Software-Produkten. Die Reduktion von Investitionsrisiken betrifft aber nicht nur operative, sondern auch strategische Fragestellungen: Neue Geschäftsoptionen können ohne Investmentrisiko getestet werden.

Unternehmen, die Cloud Services als weitere Sourcing-Option nutzen, greifen auch auf Speicherkapazitäten aus der Cloud zurück, die für Backup oder Disaster/Recovery-Zwecke eingesetzt werden können. Cloud Services haben auch das Potenzial, Desktop Services zu verändern: Office-Funktionalität wird situativ aus der Cloud bereitgestellt, Daten werden im Gegenzug dort abgelegt. Das Endgerät, auf dem gearbeitet wird, verliert seine Bedeutung.

3.1   Chancen der Cloud-Nutzung

Cloud Computing hat sich als IT-Bereitstellungsmodell im Konsumentenmarkt längst unbemerkt etabliert[12]. Die großen Namen des Web wie Facebook, Google, Amazon aber auch viele App-Anbieter nutzen sie als Produktionsmethode, um die IT-Ressourcen und die dynamischen Lastanfragen durch die Nutzer zu synchronisieren. Diese Dienste sind meist kostenfrei verfügbar oder aber – wie im Falle von Amazon leicht nachvollziehbar – in einen Geschäftsprozess integriert.

Für die Unternehmen bedeutet diese Art, über IT zu verfügen, eine Revolution. In den Jahren des geschäftlichen Einsatzes von IT für Geschäftsprozesse hatte sich die Ausrichtung von IT-Ressourcen an geschätzten Höchstlasten für die Systeme orientiert (Abb. 3.3). Entsprechend hoch waren die Investitionen der Unternehmen – mit dem Resultat, dass Kapital ohne angemessenen Return on Investment in IT-Hardware gebunden ist. Verschiedene Untersuchungen zeigen, dass solche klassischen Systeme über durchschnittliche Auslastungen zwischen 10 und 50 %[13]

---

[12] Consumer Clouds – IT aus der Steckdose für alle? Seminararbeit Ulrich Lichtenegger, Passau   http://biogoo.org/new/wp-content/uploads/2013/07/Seminararbeit_Consumer_Clouds.pdf (abgerufen am 15.08.2014).

[13] The Sorry State of Server Utilization and the Impending Post Hypervisor Era, Alex Benik, November 2013. http://gigaom.com/2013/11/30/the-sorry-state-of-server-utilization-and-the-impending-post-hypervisor-era/ (abgerufen am 4. Juli 2014).

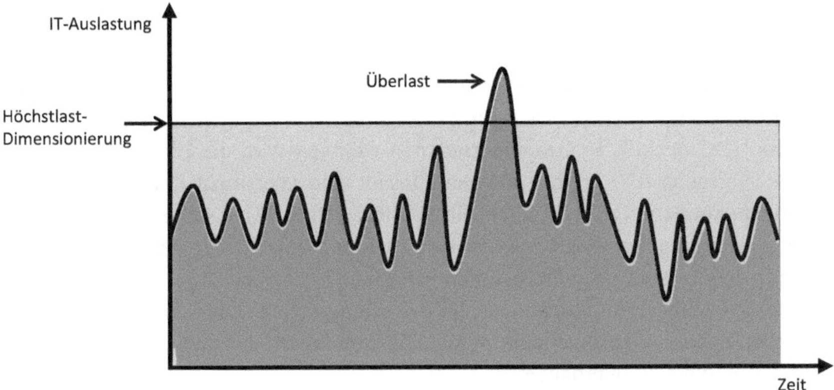

Abb. 3.3 Prognostizierte Maximallast-Dimensionierung von IT-Systemen vs. reale Last-Anforderung

verfügen. Mit anderen Worten: gut die Hälfte des Kapitals wird mit der Aussicht auf gelegentliche Lastspitzen investiert.

In diese Situation hinein bietet Cloud Computing mit seinem Versprechen der „on demand"-Verfügbarkeit von IT einen komplett neuen Ansatz. Unternehmen können Kapitalausgaben (CapEx) durch Betriebsausgaben (OpEx) ersetzen. Damit reduziert sich – gerade auch für kleinere Unternehmen oder Startups – das Investitionsrisiko. Gleichzeitig erhalten die Nutzer von Cloud Computing zeitnah Transparenz über die anfallenden Kosten.

Die Dimensionierung von IT-Systemen wird zweitrangig, da IT-Ressourcen adaptiv in Sekundenschnelle automatisch bereitgestellt oder reduziert werden (Skalierbarkeit). Der Cloud Provider übernimmt auch das komplette Management für den jeweiligen Dienst, was den IT-Nutzer entlastet. Damit einher geht die Möglichkeit, schnell neue Geschäftsmodelle auszuprobieren, also schnell auf den Markt zu gehen (kürzere Time to Market) und – bei Nichterfolg – schnell den Markt wieder zu verlassen.

Zuletzt bietet die adaptive IT-Nutzung noch einen weiteren Nutzeneffekt. Wenn IT nur entsprechend der tatsächlichen Bedarfe produziert wird, sinkt der Stromverbrauch. Cloud Computing leistet also auch einen potenziellen Beitrag zum nachhaltigen Umgang mit Ressourcen[14] (Umweltschutzaspekt, Green IT).

---

[14] Fachstudie 187: Vergleich der Energieeffizienz von Cloud-Infrastrukturen, Thomas Michelbach, Oussama Riahi, Universität Stuttgart. November 2013.

3.2   Risiken der Cloud-Nutzung

Laut Untersuchungen von Bitkom und KPMG setzen Stand 2013 40% der deutschen Unternehmen Cloud Computing ein – was sich weitgehend mit den Aussagen von IDC deckt[15]. In Großunternehmen weltweit wird die Einsatzquote sogar auf 81% geschätzt[16]. Treiber für den Einsatz sind aber nicht immer die IT-Abteilungen, sondern vermehrt auch die Fachbereiche[17]. Angesichts der sich ungebremst ausbreitenden Cloud müssen Unternehmensentscheider Rahmenbedingungen für den Einsatz im Unternehmen schaffen. Ansonsten drohen Insellösungen einzelner Fachbereiche oder in der IT-Abteilung selbst. Die Alternative ist eine von allen Seiten mitgetragene Strategie. Die Gretchenfrage lautet daher: Cloud mit oder gegen die IT Governance?

Die unkontrollierte und ungesteuerte Nutzung birgt manche Risiken. Einige sollen hier exemplarisch gelistet werden:

- Cloud Services können zu Verlust von Unternehmensgeheimnissen oder zum Missbrauch von Endkunden-Daten führen.
- Compliance-Verstöße können zu strafrechtlichen Maßnahmen und Strafzahlungen führen.
- Die Etablierung von Defacto-Standards kann große Integrationswände in die Unternehmens-IT-Landschaft kreieren.
- Der unkontrollierte Einsatz von Cloud Services kann mühelos Effizienzprojekte, die Hardware und Applikationen konsolidieren sollen, untergraben.

Die aufgeführten Punkte stellen sehr reale Herausforderungen für Unternehmen dar. Denn Cloud-Angebote faszinieren durch ihre einfache Verfügbarkeit. Ein Internetzugang verschafft Unternehmensvertretern, egal ob aus IT oder aus den Fachbereichen, den Zugriff auf Cloud Services. Jedoch ist nicht überall die benötigte Expertise im Hinblick auf rechtliche und sicherheitstechnische Aspekte vorhanden. Hier entstehen neue Risiken für das Unternehmen.

---

[15] Nutzung von Cloud Computing im Unternehmen wächst, BITKOM, KPMG, Januar 2014.

[16] Capgemini, Business Cloud: The State of Play Shifts Rapidly, November 2012, http://www.capgemini.com/resources/business-cloud-the-state-of-play-shifts-rapidly (abgerufen am 8.9.2014).

[17] Capgemini, Business Cloud: The State of Play Shifts Rapidly, Novermber 2012, http://www.capgemini.com/resources/business-cloud-the-state-of-play-shifts-rapidly (abgerufen am 8.9.2014).

Unternehmensführung, Fachbereiche und IT sollten daher gemeinsam eine konkrete Einsatz-Strategie entwickeln. Um die Risiken zu minimieren sind folgende Fragestellungen zu beachten:

- Welche Bedeutung soll Cloud Computing für das Unternehmen spielen?
- Welche Provider von Cloud Services kommen für welche Nutzungsszenarien in Frage?
- Welche Daten können Cloud Services Providern übergeben werden?
- Wo werden die Daten verarbeitet?
- Welche Infrastruktur ist im Einsatz, und wie kann diese sinnvoll durch die Cloud ergänzt werden?
- Welche Prozesse können technisch und compliance-konform teilweise oder komplett in die Cloud verlagert werden?
- Welche Applikationen können durch Cloud-Lösungen ersetzt werden bzw. welche geplanten Applikationen lassen sich durch Cloud-Angebote realisieren?
- Sollen in der Zukunft Applikationen direkt „cloud ready" entwickelt werden?
- Welche Rolle sollen Entwicklungsplattformen für Anwendungen in der Cloud spielen?

Cloud Computing als integraler Bestandteil der IT-Strategie

4

Für einen erfolgreichen Einsatz von Cloud Computing brauchen Unternehmen ein „Big Picture"[1]. D. h. sie brauchen eine langfristige, unternehmensweite, prozess- und organisationsübergreifende IT-Strategie sowie eine zwischen allen Beteiligten abgestimmte Vorgehensweise. Auch wenn der IT-Abteilung hierbei eine wichtige Rolle zufällt, sollte sie eine Cloudstrategie niemals alleine definieren. Die Einsatzstrategie für Cloud Computing fußt auf der Unternehmensstrategie. Die Unternehmensstrategie hingegen bildet qualitative und quantitative Businessziele ab, die beispielsweise Umsatz, Kundenzufriedenheit, Produktentwicklungszeiten etc. abbilden. Die primäre Frage beim Einsatz von Cloud Computing lautet also: Welchen Beitrag kann Cloud Computing leisten, um die angestrebten Businessziele zu erreichen – allzumal die Unternehmen in immer dynamischeren Märkten agieren. Der nächst Schritt fokussiert die Unterstützung der Businessprozesse: Welche existenten Businessprozesse müssen dynamischer und flexibler gestaltet werden? Oder ist das Aufsetzen neuer Businessprozesse nötig? Zuletzt werden die Business-Anforderungen „in IT übersetzt": Mit welcher IT-Strategie können diese gesetzten Business-Ziele erreicht werden? Welchen Beitrag kann Cloud Computing erbringen? Welcher Sourcing-Mix ist hierzu notwendig bzw. kann mit welchem Aufwand realisiert werden?

---

[1] BITKOM. Leitfaden sicheres Cloud Computing, Leitfaden für die Auswahl vertrauenswürdiger Cloud Service Provider, März 2013. http://www.bitkom.org/files/documents/BITKOM_Leitfaden_Eckpunkte_Sicheres_Cloud_Computing_13.03.13.pdf (abgerufen 31.08.2014).

© Springer-Verlag Berlin Heidelberg 2015
G. Münzl et al., *Cloud Computing als neue Herausforderung für Management und IT,* essentials, DOI 10.1007/978-3-662-45832-7_4

Ausgehend vom jeweiligen Geschäftsmodell und -ziel, d. h. der gewählten Strategie bzw. Ausrichtung des Unternehmens, wird der Rahmen für die IT und die damit verbundene Cloud-Nutzung abgesteckt. Dabei steht nicht die Betrachtung der Technologie im Fokus, sondern der Kontext zur Unternehmensstrategie im Generellen.

4.1 Entwicklung der IT-Strategie aus der Geschäftsstrategie

Da der Einsatz von Cloud Computing bzw. der Einsatz von Cloud Services alle Bereiche eines Unternehmens betrifft, ist es erforderlich, dass neben der IT auch Fach- und Querschnittsbereiche bei der Entwicklung der Strategie einbezogen werden.

Wenn die Unternehmensstrategie definiert ist, startet die Diskussion um den Einsatz von Cloud mit der Erfassung des Ist-Zustandes der Prozesse und der sie unterstützenden IT-Services. Auf dieser Basis wird ein gemeinsames Zielbild der zukünftigen Prozess-Landschaft entwickelt. Der Vorteil: Der Einsatz von Cloud Services im Unternehmen kann so bereits in einem frühen Diskussionsstadium juristisch geprüft werden. Mögliche Risiken in Bezug auf Compliance und Datensicherheit werden so frühzeitig erkannt. Und ein Rahmen für den Cloud-Einsatz kann durch eine spezifische Cloud Compliance abgesteckt werden (Abb. 4.1).

Das Marktumfeld, die Kundenerwartungen, das Geschäftsmodell und das vorhandene Prozess- und IT-„Landschaftsbild" führen zu einer individuellen Ableitung der IT-Strategie. Nichtsdestoweniger lassen sich einige Ansatzpunkte festhalten, die das Abstecken eines Rahmens ermöglichen. Dabei sind einige Aspekte allgemeiner Natur, deren Berücksichtigung nicht nur für eine Cloud-Einsatzstrategie sinnvoll ist. Der Wert von Cloud Computing wird sich wesentlich auch daran erweisen, welche Ergebnisse sein Einsatz hinsichtlich der Hauptthemen Effizienzsteigerung und Kostenminimierung erbringt.

- Wo liegen die Kernkompetenzen und Fähigkeiten des Unternehmens?
- Wo und wie lassen sich die zur Verfügung stehenden Ressourcen am wirkungsvollsten einsetzen?

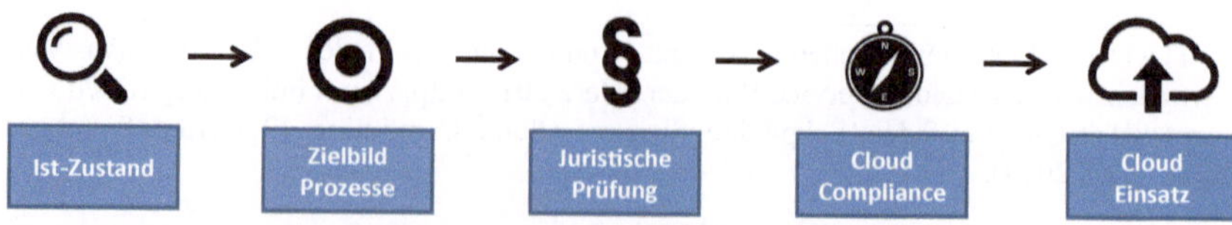

Abb. 4.1 Vorgehensmodell – Von der Analyse zum Cloud-Einsatz

- Wo lassen sich zusätzliche Potenziale zugänglich machen (z. B. Time-to-Market)?
- Wie kann die Qualität der Produktionsprozesse verbessert werden (z. B. Ausfallsicherheit, Flexibilität)?
- Wie können die Kosten der Produktionsprozesse reduziert werden?
- Welche Prozesse bieten dem Unternehmen Differenzierungsmerkmale im Wettbewerb?
- Welche Prozesse können durch Standard-Applikationen unterstützt werden?

Ist dieser Rahmen gesteckt, bieten folgende Fragen die Möglichkeit, diesen weiter in Richtung Cloud Computing zu verfeinern[2]:

- Welche Prozesse (nicht nur Produktion, sondern auch Querschnittsfunktionen) im Unternehmen können potenziell durch Cloud-Services unterstützt werden?
- Welche gesetzlichen und organisatorischen Rahmenbedingungen sind hierbei einzuhalten?
- Welcher Nutzen wird vom Einsatz der Cloud Services erwartet? Wie ist dieser zu messen?
- Welche bestehenden Risiken können vermieden bzw. verringert werden?
- Welche zusätzlichen Risiken können durch den Einsatz von Cloud-Services entstehen und müssen adressiert werden?
- Wie ist die aktuelle IT-Landkarte/-Architektur des Unternehmens, und welche Komponenten (Infrastruktur, Anwendungen, Services) sind für eine Abdeckung durch welchen Typ von Cloud Services (IaaS, PaaS, SaaS) geeignet?
- Was ändert sich durch Cloud-Services im Unternehmen (auch hinsichtlich der Kultur und Steuerung)?
- Sind der Betrieb und das Management der technischen Infrastruktur und Standardsoftware von übergeordneter Bedeutung für den Unternehmenserfolg?

Die Antworten auf diese Fragen werden nicht für alle Unternehmen gleich lauten. Wirtschaftlichkeit und Unterstützung differenzierender Unternehmenspositionen hängen stark von der Größe des Unternehmens und dem Geschäftsumfeld ab.

---

[2] Ulrike Huber, Michael Kramer, Werner Schönfeldinger: Cloud Services – Auswahl und Einführung – Prozesse und Organisation, EuroCloud Leitfaden, Wien, 2012.

4.2   Umsetzung der „neuen" IT-Strategie

Es empfiehlt sich, den Einsatz von Cloud Computing genau zu planen und in einer entsprechenden Roadmap niederzulegen[3]. Hier können im Vorfeld bereits die funktionalen Anforderungen an Cloudlösungen definiert werden. Der oder die Cloud-Provider müssen ein Leistungsportfolio bieten, das auch den zukünftigen Unternehmensanforderungen gewachsen ist. Wenngleich sich dies primär auf die qualitative Prozessunterstützung bezieht, sollte dennoch geklärt werden, wie schnell der Provider dynamische Prozesslast (quantitativ) bedienen kann. Die Roadmap enthält kurz-, mittel- und langfristige Entwicklungsziele und -maßnahmen.

Wichtig ist es auf dieser Ebene auch frühzeitig die Verantwortung für Cloud Services im Unternehmen festzulegen. Der CIO ist hier bestens positioniert, um die übergreifenden Unternehmensinteressen zu wahren. Er muss dafür sorgen, dass die vereinbarte Strategie mit Blick auf die Cloud Compliance umgesetzt wird.

4.2.1   Der Weg in die Cloud

Der Umstieg (Migration) auf einen Cloud Service ist in den meisten Unternehmen noch nicht alltäglich. Dementsprechend gering sind die Erfahrungen damit. Das heißt, dass Migrationsprojekte detailliert vorbereitet werden müssen. Die Wahl der Migrationsmethode ist dabei ebenso entscheidend wie eine akribische Begleitung der Migration.

Alle Beteiligten des Umstiegs haben unterschiedliche Interessenlagen. Daher ist bei der Umsetzung eine gut geplante, strukturierte und fortführende Kommunikation wichtig. Sie gewährleistet, dass die Mitarbeiter die neue Cloud-Welt akzeptieren, weil die Bedürfnisse der Fachbereiche berücksichtigt werden. Grundsätzlich stehen je nach Unternehmensgröße und Service folgende unterschiedliche Migrationsarten zur Verfügung:

Big Bang

In einer „Big Bang"-Migration wird der gesamte Service für alle Benutzer zum gleichen Zeitpunkt umgestellt. Eine Umstellung dieser Art verlangt gute Planung und normalerweise eine bis zwei Testmigrationen. Insbesondere sind Migrationsaktivitäten mit langer Laufzeit kritisch für diese Art der Umstellung. Die „Big

---

[3] Tobias Höllwarth (Hrsg.), Editoren: Daniel Akenine, Jörg Asma, Arpad Gered, Tobias Höllwarth, Michael Pauly, Reinhard Travnicek. Der Weg in die Cloud. 3. Auflage, mitp Verlag, Heidelberg, München, Landberg, Frechen, Hamburg, 2013.

Bang"-Migration wird dort angewendet, wo ein Doppelbetrieb kostenintensiv, organisatorisch schwer durchzuführen oder nicht sinnvoll ist. Mögliche Fall-Back-Szenarien sind bei dieser Vorgehensweise meist komplex.

Schrittweise Migration

Bei der phasenweisen Migration werden bestimmte Gruppen von Benutzern nach und nach migriert. Durch die Größe dieser Schritte kann die Komplexität gut gesteuert werden. Während der Gesamtmigration ist ein Doppelbetrieb der Services aufrechtzuerhalten. Die Schritte werden in der gleichen Form durchgeführt, d. h. die Migrationsmannschaft gewinnt mit jedem Schritt mehr Erfahrung und die Qualität der Migration steigt. Diese Vorgehensweise bietet sich z. B. beim Umstieg auf eine neue Mail- oder CRM-Plattform an.

Optionaler Pilotbetrieb

Der Pilotbetrieb kann sowohl vor einer „Big Bang"-Migration als auch vor einer schrittweisen Migration verwendet werden. In dieser Phase wird der Service für eine Gruppe von Usern bereitgestellt, von denen man sich Hinweise für die Gesamtmigration erwartet. Die gewonnenen Erkenntnisse fließen in die Dokumentation sowie auch in den technischen Migrationsablauf ein. Die Wahl der Migrationsmethode sollte so früh wie möglich erfolgen. Bei der Wahl sollten sich die Verantwortlichen sowohl vom Cloud-Anbieter als auch von internen und externen Experten beraten lassen oder von Unternehmen, die derartige Migrationen bereits absolviert haben.

4.2.2   Wie cloud ready ist meine IT?

Unternehmen, die auf Cloud Services umsteigen, müssen die organisatorischen Auswirkungen möglichst frühzeitig kennen und in die weitere Vorgehensweise einbeziehen. Ein erster konkreter Schritt ist ein Assessment der IT-Landschaft.

Das Assessment muss Geschäftsprozesse, IT-Prozesse, Sicherheit und weitere relevante Aspekte beinhalten. Das Ergebnis des Assessments liefert eine Aussage dazu, ob und in welcher Form ein Cloud-Service die Anforderungen des jeweiligen Geschäftsprozesses abdecken kann.

Das Assessment untersucht folgende prinzipielle Fragestellungen für die IT-Unterstützung von Geschäftsprozessen:

1. Welche Geschäftsprozesse müssen an einen (neuen) Cloud Service angepasst werden?
2. Welche neuen Cloud Services für neue Funktionen werden eingeführt?

3. Welche Applikationen können abgelöst werden?
4. Ist die existente (inhouse) Applikation durch einen Cloud Service (mit gegebenenfalls geringerem Funktionsumfang) ablösbar bzw. lässt sich der Cloud Service mit überschaubarem Aufwand an die gewohnte Funktionalität anpassen?
5. Können existente Applikationen für den Einsatz auf Cloud-Infrastrukturen weiterentwickelt werden?
6. Wie können Bestands-Anwendungen mit Cloud Services integriert werden?

Dafür tragen Experten aus IT und Fachbereich die relevanten Informationen zu den abzulösenden Services zusammen. Dabei müssen alle Rahmenbedingungen, Mengengerüste und Annahmen dokumentiert sein. Die IT-Sicht ergänzt Themen wie betriebliche Prozesse, aktuelle Benutzerprobleme und das technische Umfeld. Außerdem recherchiert sie Cloud Services, die als Alternativen für die bestehenden Applikationen, Plattformen und Infrastrukturen in Frage kommen. Die Fachseite achtet auch auf die Einbettung der Services in die Geschäftsprozesse.

Der Cloud Readiness Check sollte folgende Ergebnisse liefern:

- Potenzielle Einsatzmöglichkeiten von Cloud Computing
- Erkannte Probleme und möglicher Engpässe
- Offene Fragen (Technik, Prozesse, Organisation)
- Parameter/Mengen und Verbräuche
- einen persönlichen Eindruck von der neuen Situation für alle Beteiligten

4.2.3 Wie den Einstieg wagen?

Als Einstieg in die Cloud-Welt wählen viele Unternehmen IaaS-Lösungen, da diese einfach zu handhaben sind und neben der Entlastung der Administratoren auch die Cloud-Vorteile schnell spürbar werden lassen. Hierzu zählen besonders die schnelle und einfache Verfügbarkeit sowie Skalierbarkeit und Dynamik der IT-Ressourcen im Vergleich zu einer Realisierung im eigenen Rechenzentrum. Weiter bringt die Nutzung von IaaS nur eine minimale, d. h. eine kaum spürbare Anpassung der eigenen Prozesse an den Cloud Service mit sich. Das heißt, es sind (meist) weder in den Anwendungen selbst noch in den Prozessen Anpassungen vorzunehmen. Negative Effekte sind in der Regel durch eine IaaS-Nutzung – insbesondere wenn sie unter Kontrolle der IT-Abteilung erfolgt – nicht zu erwarten.

Außerhalb der IT, d. h. in den Fachbereichen, sind oft SaaS-Lösungen sinnvoll. Als abgeschlossene Gesamtpakete sind sie einfach und schnell einzuführen. Typische Funktionen, die die tägliche Arbeit direkt unterstützen, sind z. B. Collaboration- und Communication-Werkzeuge, einfache Datenablage oder CRM-Lösungen. Für einen effizienten Einsatz müssen sich diese Lösungen eng in die jeweiligen Prozesse einbinden lassen oder einmaligen und abgeschlossenen Zwecken dienen. Beispielsweise sollte ein Cloud-CRM-Service die Möglichkeit besitzen, auf Stamm- bzw. Adressdaten anderer Systeme zuzugreifen.

4.3 IT-Abteilungen wandeln sich

Die Einführung von Cloud Services geht immer einher mit der Schaffung oder Umverteilung von Aufgaben und „Privilegien" im Unternehmen. Auch diese Möglichkeiten und Verantwortlichkeiten müssen im Rahmen einer Cloud-Strategie berücksichtigt werden. Cloud Computing ändert also nicht nur den Bezug und die Nutzung von IT-Services, sondern auch nachhaltig die Rolle der IT-Abteilung und die Aufgaben der IT-Mitarbeiter im Unternehmen.

Cloud Computing versetzt IT-Manager in die Lage, ihren Fokus stärker in Richtung Business zu verschieben. Das bedeutet in der Folge, dass Zielvorgaben, Anforderungsdefinitionen und Vergabefähigkeit, also insgesamt dem Management der Provider, höhere Bedeutung zukommt. Die Ausführung technischer Aufgaben wird an diese delegiert. Als Managementfunktionalität verbleibt insbesondere das Monitoring der Leistungen, am besten als End-to-End-Monitoring für ganze Geschäftsprozesse (weg von technischen Kennzahlen). Über die Verankerung der Standards, die für das Unternehmen entscheidend sind, sichert der IT-Verantwortliche die Compliance in Zusammenarbeit mit dem Cloud Provider ab. Die notwendigen Inhalte solcher Vorgaben können schnell in Pilotprojekten erworben werden.

Aspekte der IT-Governance sind entscheidend, wenn Cloud Services eingeführt werden[4]. Der CIO wird damit zum Informationsmanager, der die Unternehmensstrategie unterstützt. Eine der wichtigsten Aufgaben eines CIO wird daher zukünftig sein, diese Gesamtorchestrierung sowie die Funktionsfähigkeit der Gesamtlandschaft aller IT-Systeme – und damit auch deren Zukunftsfähigkeit – sicher zu stellen. Bietet er dem Business aktiv Cloud-Computing-Lösungen an, fördert und beeinflusst er aufkommende Business-Initiativen. Er wird zum aktiven Partner des Business.

Die Unternehmen brauchen eine kompetente Instanz, die mit einem strategischen Blick die übergreifenden Unternehmensinteressen wahrt. Sie ist beim CIO

---

[4] Cloud Monitor 2014, Cloud Computing in Deutschland – Status quo und Perspektiven, Studie KPMG, BITKOM, 2014. http://www.kpmg.com/DE/de/Documents/Cloud-Monitor-2013-KPMG-version-2.pdf (abgerufen 31.08.2014).

passend angesiedelt. Dazu muss die Unternehmensleitung ihn mit entsprechender Durchsetzungskraft ausrüsten. Anderenfalls entstehen unkoordinierte, von Spezialinteressen getriebene IT-Landschaften, deren Nutzung langfristig zu organisatorischen und technischen Problemen führt. Eine der wichtigsten Aufgaben eines CIO wird zukünftig sein, diese Gesamtorchestrierung sowie die Funktionsfähigkeit der Gesamtlandschaft aller IT-Systeme – und damit auch deren Zukunftsfähigkeit – sicherzustellen.

Dafür muss der CIO aber in der Implementierungsphase von Cloud Computing eine aktive Führungsrolle einnehmen und sich als Business-Partner für die Fachbereiche positionieren. Mit der einfachen Verfügbarkeit von Cloud-Computing-Lösungen im Markt ist eine andere Positionierung der IT und des CIO über kurz oder lang weder erfolgreich noch durchsetzbar.

Die Rolle des IT-Mitarbeiters wandelt sich vom IT-Administrator über den Servicemanager hin zum Service Broker[5,6,7]. Klassische Aufgaben wie die Installation, Administration und Wartung von IT-Systemen fallen zunehmend weg. Neue Aufgaben wie z. B. die Überwachung, die Auswahl und das Management von Cloud Services kommen hinzu. Dies bedingt die Weiterentwicklung bzw. eine Ausbildung anderer Fähigkeiten und bietet der IT-Abteilung die Möglichkeit, sich zum Business Partner – im Sinne eines Beraters – der Fachabteilungen zu entwickeln. Auf diese Änderungen müssen die Mitarbeiter vorbereitet werden.

Die IT-Abteilungen müssen dementsprechend beispielsweise folgende Fragen beantworten können:

- Wie wird ein Cloud-Service gesteuert und welche Informationen sind dazu notwendig?
- Welche Service Levels (SLs) sind verfügbar, möglich und/oder erforderlich?
- Wie können Service Levels verknüpft werden, um über kaskadierende Cloud Services hinweg einen End-to-End-Business-Prozess sicherzustellen?
- Welche Key-Performance-Indikatoren (KPIs) sind für das Business relevant und müssen reported werden?

---

[5] Vgl. auch: Gartner hype Cycle for Cloud Service Brokerage, 10/2013: „Cloud services brokerage (CSB) is a necessity for the consumption and delivery of hybrid cloud solutions involving multiple cloud services that are characteristic of current cloud adoption trends."

[6] IDC, Mai 2014 http://idc.de/de/ueber-idc/press-center/58590-idc-studie-zu-it-service-management-deutsche-it-organisationen-werden-zu-it-service-brokern (abgerufen am 2.9.2014).

[7] Tom Kaneshige, cio.com, http://www.cio.com/article/751520/CIOs_to_Become_In_House_Brokers_and_That_s_a_Good_Thing?page=1&taxonomyId=3123 (abgerufen am 2.9.2014).

Wird Cloud Computing in Unternehmen eingeführt, ist dies ein zwingender Anlass über die neue Rolle der IT-Abteilung nachzudenken. IT muss sich in Richtung Business entwickeln. Der Gang in die Cloud ist in der Praxis ohnehin ein oft unumkehrbarer Prozess, der bewirkt, dass sich die Aufgaben der eigenen IT-Organisation verschieben: vom Betrieb von IT-Systemen hin zu einem Management externer Sourcing-Dienstleister, der Prozessunterstützung und zu einem Partner des Business.

Wie beim klassischen IT-Outsourcing auch, muss die „retained organization" – die im Unternehmen verbliebene IT – auch in der Cloud-Ära über das Wissen verfügen, welche Leistungen in welcher Qualität und Funktionalität die Dienstleister erbringen müssen, damit die Unternehmensprozesse optimal unterstützt werden. Dazu gehört insbesondere auch das Wissen, wie die Leistungen an das Unternehmen übergeben werden. Besondere Bedeutung hat dieses Wissen für einen eventuellen Anbieterwechsel, wenn die damit verbundenen technischen und organisatorischen Risiken abgeschätzt und bewertet werden müssen.

Überlegungen zur Wirtschaftlichkeit

Mit Cloud Computing erhalten Unternehmen die Chance, Investitionen in IT zu reduzieren. Indem weniger Kapital in IT-Anlagen gebunden wird, entstehen Freiräume für die Reallokation von IT-Budgets – entweder in andere Fachbereiche oder aber für IT-Innovationsprojekte. Die Bilanzstruktur des Unternehmens kann sich dadurch zum einen positiv verändern, zum anderen sinken Kosten im Vorfeld der Inbetriebnahme von IT-Hardware. Die verbrauchsabhängige Fakturierung der bezogenen IT-Leistungen verknüpft die IT-Kosten direkt mit Business-Anforderungen. Die IT wird immer passend zum Bedarf „eingekauft". Überdimensionierte Hardware mit Leerkapazitäten wird vermieden. Allerdings muss beachtet werden, dass bei der Einführung von Cloud-Anwendungen einmalige Kostenaufwände entstehen.

5.1 Wirtschaftlichkeitsfaktoren

Die Wirtschaftlichkeit der Cloud-Nutzung richtet sich immer nach dem Einzelfall – also den individuellen Gegebenheiten und Anforderungen des betreffenden Unternehmens. Zwar können generelle, allgemeingültige Empfehlungen nicht gegeben werden, jedoch lassen sich sehr wohl einige Gesetzmäßigkeiten in der Wirtschaftlichkeitsbetrachtung aufzeigen, die es zu berücksichtigen gilt. Dies betrifft zum einen allgemeine Wirtschaftlichkeitsfaktoren, die aus dem Wesen des Cloud Computing resultieren und zum anderen konkrete Kostenfaktoren, die in der spezifischen Situation des Unternehmens begründet sind.

© Springer-Verlag Berlin Heidelberg 2015
G. Münzl et al., *Cloud Computing als neue Herausforderung für Management und IT,* essentials, DOI 10.1007/978-3-662-45832-7_5

Für eine Wirtschaftlichkeitsbetrachtung müssen Nutzer ihre aktuellen IT-Verbräuche und zukünftig benötigten Kapazitäten natürlich möglichst genau ermitteln.

5.1.1 Allgemeine Wirtschaftlichkeitsfaktoren

Zu den allgemeinen Wirtschaftlichkeitsfaktoren (Tab. 5.1) von Cloud Computing gehören jene Punkte, die den eigentlichen Kern des Cloud Computing ausmachen:

5.1.2 Projektspezifische Faktoren

Neben den allgemeinen Wirtschaftlichkeitsfaktoren sind weitere, projektspezifische Faktoren zu berücksichtigen. Dazu gehören insbesondere:

- **Die Service-Ebene:**
  Als Faustregel gilt: Je höherwertig die genutzten Cloud Services sind, desto größer sind die Kosteneinsparpotenziale, die in einer Einzelfallbetrachtung zu analysieren sind. Eine Hilfestellung dazu bietet die Checkliste in Tab. 5.2.
- **Die gewählte Cloud-Organisationsform:**
  Die Organisationsform hat entscheidenden Einfluss auf die Integrationsaufwände, die in dem jeweiligen Projekt zu bewerten sind. Je nachdem, ob eine reine Public Cloud, eine reine Private Cloud oder – was der häufigste Fall sein dürfte – eine Hybrid Cloud zum Einsatz kommen soll, werden z. B. die Aufwände für die Anwendungs- und Datenintegration stark differieren.
- **Die Unternehmensgröße und Komplexität:**
  Inwieweit die Größe des Unternehmens die Wirtschaftlichkeit des Cloud-Betriebs beeinflusst, hängt vom Anwendungsfall ab. Jedoch kann durch den Einsatz von Cloud Computing die Komplexität der Anwendungslandschaft reduziert, die IT-Strukturen, das Management und die Governance durch das Entstehen einer „Schatten-IT" in den Fachabteilungen aber auch wesentlich komplexer werden.
- **Die Datenmenge und die Rechenleistung:**
  Aufgrund des weiter anhaltenden Ausbaus großer Rechenkapazitäten bei den Cloud Providern und des zunehmenden Konkurrenzdrucks kann davon ausgegangen werden, dass die Preise für Rechenleistung und Speicher weiterhin sinken werden. Im Bereich der Netz- und Übertragungskapazitäten ist eine Abschätzung schwieriger, jedoch wird man zumindest von einem konstanten Preis-/Leistungsverhältnis ausgehen können. Durch das Pay-per-use-Preismo-

Tab. 5.1 Allgemeine Wirtschaftlichkeitsfaktoren von Cloud Computing[a,b]

Cloud Computing – Allgemeine Wirtschaftlichkeitsfaktoren (Auswahl)	
Monetär bewertbare Kosteneffekte	*Keine (geringe) Investitionskosten für IT Hardware, Software, RZ, Klima*
	Geringere Kapitalbindung; TCO: „Total Cost of Ownership" vs. „Total Cost Operation"
	Keine Investition in Überkapazitäten für Lastspitzen
	Keine Ersatzinvestitionen und Technologie-Upgrades
	Verringerte Investitionen in physische/technische IT-Sicherheit
	Reduktion der Personal- und Betriebskosten
	Betrieb und Wartung von IT-Ressourcen entfallen
	Software-Upgrades/neue Releases werden vom Anbieter eingespielt
	Keine (geringe) Wartezeiten; Self Service durch Nutzer
	Reduktion der laufenden Energiekosten
	Hohes Maß an Standardisierung
	Geringere Anlaufkosten für neue Applikationen
	Geringe Schulungskosten für vorkonfigurierte, schnell produktiv nutzbare Lösungen
	Verbrauchsabhängige Preismodelle
	Zahlung auf Basis des tatsächlichen Verbrauchs (Pay-per-Use)
	Wandlung von Kapitalkosten (Capex) in Betriebskosten (Opex)
	Verbesserung der Kostentransparenz
	Dem Geschäftsverlauf angepasste IT-Kosten durch Preiselastizität
	Hohe technische Skalierbarkeit
	IT-Leistung kurzfristig ‚unbegrenzt' skalierbar, hohe Flexibilität der IT
	Flexible Kapazitätsbereitstellung bei schwer kalkulierbarem Nutzungsverhalten
	Verbesserte IT-Sicherheit und Verfügbarkeit
	Höhere Verfügbarkeit, IT-Sicherheit und Katastrophenschutz durch verteilte RZs
	Nutzung etablierter und erprobter Backup/Restore-Prozesse des Dienstleisters
	Einsparungen bei Sicherheitsmaßnahmen (‚disaster relief')
	Professionelles Security-Management durch den Provider (z. B. Patch-Management)

Tab. 5.1 (Fortsetzung)

Cloud Computing – Allgemeine Wirtschaftlichkeitsfaktoren (Auswahl)	
Nicht direkt monetär bewertbare Nutzeneffekte	*Konzentration auf Kernkompetenzen*
	Verbesserung bestehender Geschäftsprozesse, Schaffung von Wettbewerbsvorteilen
	Erweiterte Sourcing-Optionen
	Entwicklung neuer Geschäftsmodelle
	Komplexitätsreduzierung der IT-Managementprozesse
	Gesteigerte unternehmerische Flexibilität („Business Agility")
	Erweiterte Handlungsoptionen durch kurze Vertragslaufzeiten
	IT-Komplexitätsreduzierung; Vereinfachung der IT-Prozesse
	Verbesserte unternehmerische Reaktionsfähigkeit
	Potenziell höhere Kundenzufriedenheit (extern/intern)
	Potenziell schnellerer Marktzugang („kürzere Time-to-Market")
	Deutlich verkürzte IT-Rüst- und Bereitstellungszeiten
	Beschleunigte Geschäftsprozessunterstützung durch IT
	Erhöhung der Mitarbeiterbindung und -zufriedenheit

[a] Vgl auch Sabrina Lamberth u. a., Fraunhofer IAO: Wirtschaftlichkeitsbetrachtungen beim Einsatz von Cloud Computing; http://subs.emis.de/LNI/Proceedings/Proceedings178/123.pdf (abgerufen am 31.08.2014)

[b] Vgl. auch Max Schubert, Hochschule Wismar: Cloud Computing als Sparkonzept. http://www.wi.hs-wismar.de/~laemmel/Lehre/WA/Artikel1306/Schubert_Cloud.pdf (abgerufen am 31.08.2014)

dell besteht eine direkte Relation zwischen den zu bearbeitenden Datenmengen, der dazu benötigten Rechenleistungen und Übertragungskapazitäten und dem wirtschaftlichen Betrieb der Cloud-Plattform.

- **Die Aufwendungen einer Cloud-Einführung**
  Den zu erwartenden langfristigen Kostenvorteilen durch Cloud Computing sind natürlich Kosten z. B. für die Provider-Auswahl und die Einführung entgegenzustellen. Es entstehen weitere Kosten für Schulungsmaßnahmen aber auch – abhängig vom Umfang der Cloud-Nutzung – für ein regelmäßiges Monitoring des Cloud Service Providers (Tab. 5.2).

5.2 Vorgehensmodell zur Bewertung der Wirtschaftlichkeit

Die Untersuchung der Wirtschaftlichkeit von geplanten Cloud-Lösungen muss integraler Bestandteil der laufenden IT-Bedarfs- und Kapazitätsplanung (Abb. 5.1) sein. So können mögliche Alleingänge der Fachabteilungen vielleicht nicht voll-

Tab. 5.2 Aufwendungen bei der Einführung von Cloud Computing[a]

Cloud Computing – Einführungs-und Betriebsaufwendungen (Auswahl)	
Vorbereitungs- und Initialaufwände	*Vorbereitungsaufwände*
	Erstellungskosten für eine Cloud-Strategie
	Planungskosten für eine Cloud-Architektur (Grobplanung)
	Analyse (und ggf. Transformation) von Geschäftsprozessen und Anforderungen
	Kosten für eine Marktanalyse (Such-/Informationskosten)
	Kosten für eine (europaweite) Ausschreibung
	„Testkosten", Machbarkeitsstudie, Pilotprojekt, Dokumentation
	Initialisierungsaufwände
	Konkrete Anbieter-/Provider-Auswahl
	Planungskosten für eine Cloud-Architektur (Detailplanung)
	Ggf. Kosten für Vertragsverhandlungen
	Ggf. zusätzliche Soft- und Hardwarekosten (Endnutzer + IT-Abteilung)
	Ggf. notwendige Erweiterungen der RZ-/IT-Infrastruktur
	Initiale Integrations- und Schulungskosten
	Kosten für ausführliche Tests und Dokumentation
Realisierungs- und Betriebsaufwände	*Realisierungsaufwände*
	Reengineering von Geschäftsprozessen vor/während/nach Cloud-Einführung
	Integration von Cloud und bestehenden IT-Systemen
	Migration der bestehenden Datenbestände
	Ggf. Applikationsadaption auf die elastischen Cloud-Plattformen (Applikationsskalierung)
	Temporärer Parallelbetrieb von traditioneller IT und Cloud-Lösung
	Schulung der Mitarbeiter
	Steuerungsaufwände
	Allgemeine Provider-Steuerung, Aufbau eines Governance-Systems
	Aufbau/Aktualisierung eines Compliance-Systems unter Einschluss der Cloud-Problematik
	Überwachung der Compliance-Vorgaben (Datenschutz, IT-Security,..)
	Monitoring der Service Level Agreements (SLA)
	Allgemeine Kosten- und Leistungskontrolle, Benchmarking und Anbietermarktanalysen

[a] Vgl.auch Till Haselmann: Cloud-Services in kleinen und mittleren Unternehmen – Nutzen, Vorgehen, Kosten. http://d-nb.info/1027022693/34 (abgerufen am 31.08.2014)

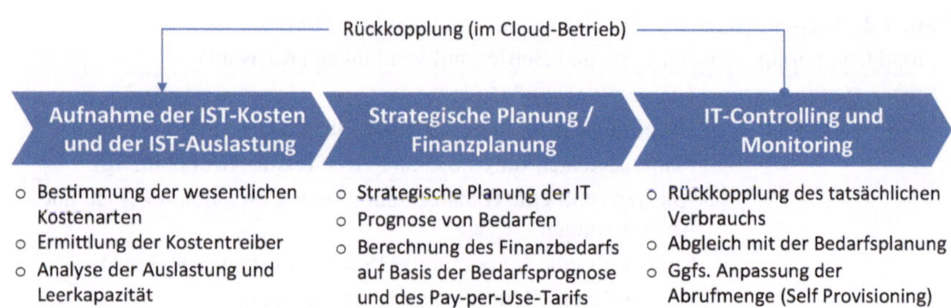

Abb. 5.1 Vorgehensmodell zur Wirtschaftlichkeitsbetrachtung. (Quelle: BITKOM)

ständig unterbunden, aber doch in einen strukturierten Planungs- und Entscheidungsprozess eingebunden und damit kontrolliert werden.

Wesentliche Voraussetzung für eine Wirtschaftlichkeitsbetrachtung ist dabei immer eine detaillierte Kenntnis der eigenen IT-Kostenstruktur. Dazu wird in der Regel keine vollausgeprägte Kostenrechnung benötigt. Meistens wird es ausreichend sein, die bestehenden Kosten tabellarisch zusammenzufassen.

Vor allem benötigen Unternehmen eine verlässliche Datenbasis zu den bestehenden Kosten sowie den Auslastungen und Kapazitäten im IT-Bereich. Auf Basis des Pay-per-use-Modells des Cloud Service Providers lassen sich unter Berücksichtigung der Auslastung der vorhandenen Kapazitäten die notwendigen monatlichen Aufwände berechnen und den Einsparpotenzialen gegenüberstellen. Insbesondere sind die in Tab. 5.2 aufgeführten Einführungs- und Betriebsaufwendungen zu berücksichtigen. Eine Hilfestellung kann auch die Check-Liste in Tab. 5.3 hierzu bieten.

Tab. 5.3 Check-Liste – IT-Eigenbetrieb vs. Cloud Services. (Quelle: BITKOM)

Kostenstelle: Beschreibung	Kosten-typ	Kapital-bindung	Entfällt bei Cloud Services	Einspar-Po-tenzi
Gebäude: Grundstücke und Gebäude, Alarmsysteme (Feuermelder), Zugangsüberwachung (Videosysteme)	Laufend	Lang-fristig	Ja	+++
Infrastruktur: Hardware, Netzwerk (Router), Storage (SAN, NAS)	Laufend	Lang-fristig	Ja	+++
Laufende Betriebskosten: Versicherungen, Reinigung, Klima, Kühlung, Energie	Laufend	Lang-fristig	Ja	+++

Tab. 5.3 (Fortsetzung)

Kostenstelle: Beschreibung	Kosten-typ	Kapital-bindung	Entfällt bei Cloud Services	Einspar-Po-tenzi
Softwarelizenzen: Betriebs-systeme, Monitoring-Software, Datenbank-Anwendungen	Laufend	Lang-fristig	Ja	+++
Management und Verwaltung: Management, Finanz- buchhaltung (Inventur, Abrechnung), Einkauf (Ver-trags- management), Personalmanage-ment, Auditierung	Laufend	Lang-fristig	Ja	+++
Wartung und Updates (einschl. Test): Hardware, Netzwerk, Storage, Anwendungen	Laufend	Lang-fristig	Ja	+++
Kapazität: Abbau von Leerkapazitäten (Vorhaltekapazität für Lastspitzen)	Laufend	Lang-fristig	Ja	+++
Betrieb: Server Management, Client Management, Downtime, Monitoring, Anwendersupport (Helpdesk)	Laufend	Lang-fristig	Ja	++
Schulung IT: Hardware, Netzwerk, Storage, Anwendungen	Laufend	Lang-fristig.	Ja	++
Schulung Endanwender: Schulungs-erstellung und -durchführung	Laufend	Lang-fristig	Ja	++
IT-Sicherheit Clientseitige Installation	Laufend	Lang-fristig	Ja	+
Orchestrierung von Services (Servicemanagement)	Laufend	Lang-fristig	Nein	−
Ggfs. Ausbau der externen Datenverbindung	Einmalig	Kurz-fristig	Nein	−
Bereitstellung höherer externer Transfervolumina	Laufend	Lang-fristig	Nein	−
Providerauswahl: Allgemeine Informa-tion, Besuch von Fachtagungen	Einmalig	N.a.	Nein	−
Einführungsprojektkosten: Alt-datenübernahme, Schnittstellen, Reorganisation	Einmalig	N.a.	Nein	−
Monitoring/SLA-Überwachung: Lau-fende SLA Überwachung	Laufend	N.a.	Nein	−
Schulung: Self-Service Schulung	Einmalig	N.a.	Nein	−
Einfluss laufender Projekte: Projekt spezifisch	Einmalig	N.a.	Nein	−

Immer noch erscheint der Komplex Recht, Sicherheit, Governance und Compliance regelmäßig in Umfragen und Studien als eines der Haupthindernisse für den Einsatz von Cloud Computing. Dies gilt besonders für Deutschland mit seinen hohen Datenschutz-Ansprüchen, während das Ausland, insbesondere die USA, ein kulturell bedingt anderes Verständnis und damit auch Niveau von Datenschutz haben. 67 % der deutschen Mittelständler sehen Sicherheitsrisiken, 60 % die Gefahr eines Verlustes der Kontrolle über die IT sowie 56 % den rechtlichen Rahmen bzw. gesetzliche Vorgaben als Hindernisse (Abb. 6.1) für den Einsatz von Cloud Computing[1].

6.1 Compliance[2]

Der Begriff „(IT-)Compliance" kennzeichnet auch beim Einsatz einer Cloud die externen und internen Vorgaben für den rechtskonformen Einsatz, wobei die Governance versucht, diese Vorgaben durchzusetzen. IT-Sicherheit und Datenschutz sind dabei spezifische Aspekte, auf die Unternehmen bei der Abbildung der Com-

---

[1] Techconsult IT Cloud Index 2013, http://www.techconsult.de/images/pi/cloudindex/2013_4/cloud1.png (abgerufen am 18. August 2014).

[2] Cloud Computing-Insider.de: Cloud: Compliance und Standards, Juni 2014, Vogel IT-Medien, http://www.cloudcomputing-insider.de/cloud%3a-compliance-und-standards-v-27878-9195 (abgerufen am 8.9.2014).

© Springer-Verlag Berlin Heidelberg 2015   41
G. Münzl et al., *Cloud Computing als neue Herausforderung für Management und IT*, essentials, DOI 10.1007/978-3-662-45832-7_6

Vorbehalte gegen Cloud Computing

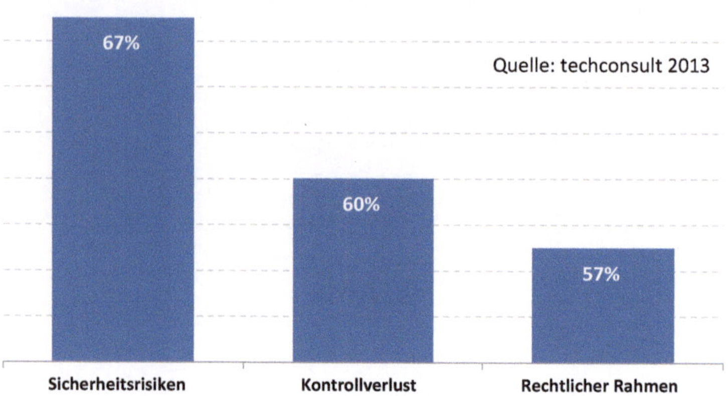

Abb. 6.1 Vorbehalte gegen den Einsatz von Cloud Computing in Deutschland

pliance achten müssen.[3] Der Fokus der rechtlichen Anforderungen an Cloud Computing ergibt sich aus dem Datenschutzrecht.[4] Aber nicht nur Personendaten (von Mitarbeitern oder Kunden beispielsweise), sondern auch fiskalische Daten müssen besonderen Vorgaben genügen (u. a. nach AO und HGB, GoBS, GDPdU und nunmehr GoBIT) – ganz abgesehen von spezifischen Vorschriften für bestimmte Branchen (etwa Finanzdienstleistungssektor).

Die Cloud Compliance muss aber auch den Umgang mit schützenswerten internen Informationen regeln: So ist der Schutz von geistigem Eigentum im ureigenen Interesse des Unternehmens. Das gilt vor allem für Unternehmen, die von innovativen Ideen leben (Maschinenbau, Pharma, etc.). Ein weiteres wichtiges Feld der Cloud Compliance sind vertragliche Fragestellungen. Diese sind für das klassische Outsourcing zumindest im Hinblick auf das Datenschutzrecht durch das Konstrukt der Auftragsdatenverarbeitung geklärt. Auch bei Vergabe von IT-Services an einen Cloud-Dienstleister müssen aber beispielsweise technische und organisatorische Maßnahmen für den Schutz der Daten, Audits, Datenrückgabe, die Kontrollrechte des Auftraggebers und die Mitwirkungspflichten des Cloud-Dienstleisters als Auftragnehmer vereinbart werden; der Maßstab sollte hier ähnlich streng sein wie bei einem klassischen Outsourcing. Erste Cloud Compliance Management Systeme versprechen die Unterstützung der Compliance-Vorgaben im Rahmen der Governance.

---

[3] Vgl. Rath/Sponholz, IT-Compliance, 2. Neuauflage August 2014; Kap. V, S. 88 ff., insbesondere S. 91 ff. zu Compliance Management Systemen.

[4] Siehe hierzu Rath/Rothe, Cloud Computing. Ein datenschutzrechtliches Update, K&R 2013, 623 ff.

6.2   IT-Sicherheit

IT-Sicherheit ist eine Querschnittsfunktion, die sich in allen Bereichen der Compliance wiederfindet. IT-Sicherheit umfasst organisatorische, personelle und technische Maßnahmen, die den Verlust von Daten verhindern und den Zugriff Unbefugter verhindern. Da Cloud-Computing-Leistungen nicht lokal („vor Ort") erbracht, sondern über Netze verfügt werden, kommt der (tatsächlichen) Sicherheit des Datentransports besondere Bedeutung zu. Eine zweite zusätzliche Herausforderung an die IT-Sicherheit besteht in der Nutzung von Ressourcenpools für Speicher und Rechenleistung. Hier muss der Anbieter für zumindest eine solide logische Trennung der Ressourcen verschiedener Kunden sorgen.[5]

6.2.1   IT-Sicherheit beim Cloud Service Provider (CSP)

Das Sicherheitsmanagement des CSP umfasst eine Reihe von Aufgaben, die für Rechenzentren Standard sind: Sicherheitskonzeption (IT-Grundschutz), Notfall-Management, Patch- und Änderungsmanagement, Informations- und Datenschutz etc. Cloud Service Provider können ihre IT-Sicherheit – wie klassische IT-Dienstleister auch – gemäß internationalen Standards wie DIN ISO/IEC 27002[6] zertifizieren lassen. Dieser Standard ist für Cloud Computing adaptiert als ISO/IEC CD 27017[7].

6.2.2   IT-Sicherheit beim Cloud-Nutzer

Auch der Nutzer von Cloud Services hat Mitwirkungspflichten bei der Sicherheit – auch wenn 49 % der Nutzer von Public Clouds der Ansicht sind, dass ausschließlich der Provider für die Sicherheit zuständig ist[8]. Der Cloud-Nutzer muss die IT-Technik in den eigenen Räumen vor unbefugten Zugriff schützen. Dazu gehören u. a. eine (rollenbasierte) Zutrittskontrolle, eine 2-Faktor-Authentifizierung, Schulungen, Sicherheitsüberprüfungen etc.

---

[5] Siehe hierzu Rath, Juristische Hürden bei Cloud-Collaboration-Lösungen, www.computerwoche.de/2543501.

[6] http://www.kompass-sicherheitsstandards.de/43785.aspx.

[7] http://www.iso.org/iso/catalogue_detail.htm?csnumber=43757.

[8] Techconsult IT-Cloud-Index, November 2013, http://www.techconsult.de/images/pi/cloudindex/2013_6/cloud1.png (Abgerufen am 18. August 2014).

6.3 Datenschutz

Besonderes Augenmerk im Rahmen der Compliance liegt auf den Aspekten des Datenschutzes. Der Datenschutz setzt auf den Basisanforderungen der IT- oder Datensicherheit auf und erweitert sie um den Schutz personenbezogener Daten. Der Standort des Rechenzentrums, in dem die Leistungen erbracht werden, spielt für die Datenschutz-Diskussion eine wichtige Rolle. Für den Datenschutz existiert im deutschen Raum das Konstrukt der Auftragsdatenverarbeitung. Hierdurch entfällt das Erfordernis, sich die Einwilligung der Betroffenen einzuholen. Zudem wird der Provider auf die Einhaltung des Datenschutzes verpflichtet.

Auftragsdatenverarbeitung

Sofern ein Unternehmen personenbezogene Daten wie Namen, Anschrift, Geburtsdatum u. a. von Arbeitnehmern, Kunden, Lieferanten o. a. in der Cloud verarbeiten will, so dass der Cloud Service Provider Zugriff auf diese Daten nehmen kann, schließen Unternehmen und Cloud Service Provider oftmals einen Vertrag über Auftragsdatenverarbeitung. Der Cloud-Provider verarbeitet dann die Daten nur im Auftrag und auf Weisung seines Auftraggebers. Damit ist – zumindest auf dem Papier – gewährleistet, dass das Unternehmen die volle Herrschaft über die verarbeiteten Daten behält. Der Cloud Service Provider speichert, verarbeitet, löscht oder ändert die Daten nur auf Grund entsprechender Weisung seines Auftraggebers und behandelt sie vertraulich. Es ist damit vertraglich ausgeschlossen, dass der Cloud Service Provider die Daten für eigene Zwecke verwendet. Ob die Einhaltung dieser Weisungen kontrolliert werden kann, steht auf einem anderen Blatt.

Angemessenes Datenschutzniveau

Der Einsatz von Cloud-Service-Providern ist nach deutschem Recht erlaubt, sofern die Daten innerhalb der EU oder des Europäischen Wirtschaftsraumes[9] verarbeitet werden. Zumindest wird dort ein angemessenes Schutzniveau für die Daten vermutet. Aber auch wenn ein Cloud Service Provider seinen Sitz außerhalb des Europäischen Wirtschaftsraumes hat oder Daten dort verarbeitet, dürfen deutsche Unternehmen diese Cloud nutzen, wenn sie bestimmte Voraussetzungen einhalten. Dazu gehört aber ein „internationaler Vertrag", also entweder die Verwendung der EU-Standardvertragsklauseln oder die aktive Teilnahme am Safe-Harbor-Programm.[10] Allerdings werden beide Instrumente immer stärker als „Papiertiger"

---

[9] Das sind die EU-Staaten sowie Island, Liechtenstein und Norwegen.

[10] Siehe hierzu Rath/Rothe, Cloud Computing. Ein datenschutzrechtliches Update, K&R 2013, 623 ff.

kritisiert; gerade die Safe-Harbor-Zertifizierung soll inzwischen (nach Verlautbarungen der Aufsichtsbehörden) nur noch dann gelten, wenn diese Zertifizierung aktuell ist und das zugesagte Datenschutzniveau auch gelebt wird. Der Auftraggeber ist auch in diesen Fällen verpflichtet, zu kontrollieren, ob der außereuropäische Dienstleister die Safe-Harbor-Prinzipien einhält. Außerdem dürfen keine besonders schutzwürdigen Daten „ausgeliefert" werden und es muss geprüft werden, ob dem Betroffenen Nachteile aus der Übermittlung entstehen können[11].

6.4   Zertifizierung

National wie international sind Bestrebungen nach Zertifizierungen im Gange, die den Nutzern von Cloud Services Sicherheit bei der Beauftragung eines Cloud-Anbieters gewähren. In Deutschland auditieren beispielsweise German Cloud und EuroCloud Deutschland Cloud-Anbieter; das Bundeswirtschaftsministerium erarbeitet aktuell ebenfalls ein Zertifizierungsverfahren. Das Projekt Cloud for Europe soll bis 2016 einen gemeinsamen europäischen Rahmen für Cloud Computing schaffen. Solche Zertifizierungen können eine Orientierungshilfe für die Auswahl des Cloud Service Providers sein. Gleichwohl entbinden Zertifikate den Cloud-Anwender nicht von seiner Mitwirkung.

---

[11] Arnd Böken, Zugriff auf Zuruf, Jan. 2012, http://www.heise.de/ix/artikel/Zugriff-auf-Zuruf-1394430.html (abgerufen am 18. August 2014).

Die Normierung der Cloud hinsichtlich Interoperabilität und Integration ist derzeit Gegenstand politischer Initiativen auf nationaler und europäischer Ebene. Auch die Industrie und die Verbände versuchen, einheitliche Standards auf dem Markt zu etablieren. Der Normierung oder besser der Interoperabilität von Clouds kommt vor diesem Hintergrund besondere Bedeutung zu, da sich in Unternehmen verstärkt Multi-Clouds (oder hybride Szenarien) etablieren. Verbindliche Standards für Clouds werden also ständig wichtiger. Doch die Realität präsentiert sich noch fragmentiert. Solange einheitliche Standards noch nicht etabliert sind, können zusätzliche Service Layer für das Management verschiedener Provider eine Übergangslösung sein.[1]

7.1 Interoperabilität

Interoperabilität wird als „die Fähigkeit unabhängiger, heterogener Systeme (verstanden), möglichst nahtlos zusammenzuarbeiten, um Informationen effizient und verwertbar auszutauschen bzw. dem Benutzer zur Verfügung zu stellen, ohne dass dazu gesonderte Absprachen zwischen den Systemen notwendig sind".[2] Im Kon-

---

[1] Global Knowledge Training LLC 2014, Brian Eiler IaaS Public Clouds and the Perceived Security Threat, http://www.globalknowledge.com/training/whitepaperdetail.asp?pageid=502&wpid=1357&country=United+States (abgerufen am 8.9.2014).

[2] http://de.wikipedia.org/wiki/Interoperabilit%C3%A4t.

text von Cloud Computing können die Anforderungen an Interoperabilität weiter konkretisiert und in Form von Zielen formuliert werden:

- Vermeidung von Vendor-Lock-in durch inkompatible Formate, Protokolle und Schnittstellen
- Gewährleistung der Kompatibilität zu bestehenden und künftigen Cloud Services
- Kompatibilität zu Client-Systemen und lokalen On-Premise-Anwendungen

Der Charakter und die Funktionalität der verschiedenen Service-Ebenen spiegeln sich auch in den Anforderungen und Möglichkeiten der Interoperabilität wider.

7.2   Standards

Standards sind für das Zusammenwirken unterschiedlicher Systeme von essenzieller Bedeutung. Nur auf der Basis von Standards können integrierte Lösungen in einer immer komplexer werdenden IT-Landschaft mit geringem Aufwand und ohne Reibungsverluste geschaffen werden. Voraussetzung ist, dass die Standards eine offene Struktur aufzeigen und von allen Beteiligten implementiert werden können. Standards werden in der Regel durch ein Gremium mit entsprechender Autorität festgelegt, es bilden sich aber auch De-facto-Standards, bedingt durch entsprechende Verbreitung oder Marktdominanz von Unternehmen oder Lösungen.

Die Vielfalt der Akteure und das pragmatische Herangehen an Cloud-Angebote und deren Einsatz haben dafür gesorgt, dass sich cloud-spezifische Standards für die Interoperabilität noch nicht etabliert haben. Die ausgereiftesten und verbreitetsten Spezifikationen bzw. Standards sind mit Blick auf die Cloud-Interoperabilität Webservices ws-* und XML-Datenformate sowie REST. Doch sowohl anbieterseitig[3] als auch nutzerseitig[4] sind entsprechende Initiativen, wie beispielsweise Eukalyptus[5], gestartet. Die bekannteste und wohl die derzeit auch erfolgreichste[6] dieser Initiativen ist OpenStack, ein Softwareprojekt, das eine freie Architektur

---

[3] Carlo Velten, Crisp Research, http://www.crisp-research.com/openstack-auf-dem-weg-zum-cloud-standard/ (abgerufen am 26.8.2014).

[4] http://www.opendatacenteralliance.org/ (abgerufen am 26.8.2014).

[5] https://www.eucalyptus.com/ (abgerufen am 30.8.2014).

[6] Zu den Vor- und Nachteilen einer Cloud-Implementierung unter OpenStack siehe Crisp Research: Der CIO im OpenStack Dilemma: BUY oder DIY? www.crisp-research.com/wp-content/plugins/email-before-download/download.php?dl=3519ba2aab16b9753ce05b0d21 e8ad59 (abgerufen am 30.8.2014).

für Cloud Computing zur Verfügung stellt. Initiiert wurde es von Rackspace und der NASA. Zwischenzeitlich hat OpenStack 18.000 Mitglieder und wird von etwa 3400 Firmen unterstützt[7]; unter anderem von SUSE Linux, Dell, Citrix Systems, Hewlett-Packard, AMD, Intel, Red Hat, IBM und SAP. Entwickelt wird Open-Stack als freie Software in der Programmiersprache Python und lizensiert unter den Bedingungen der Apache-Lizenz. OpenStack entwickelt sich immer mehr zu dem, was sich viele davon versprechen: Offene Architekturen, eine anpassbare Software, offene Standards und die Möglichkeit, die Kontrolle über Daten, IT-Sicherheit und Datenschutz zu behalten.[8] Mittlerweile gilt OpenStack als führende Open-Source-Lösung für die Cloud.[9]

Auf die einzelnen Service-Ebenen heruntergebrochen, werden zurzeit folgende Standardisierungsinitiativen diskutiert:

IaaS IaaS-Leistungen als Basisdienste für die Bereitstellung von Rechen- und Speicherkapazität haben geringen Spezifizierungsgrad und gelten als größtenteils austauschbar. Als neuer Standard für das Ressourcen-Management von virtuellen Maschinen bildet sich momentan das Open Cloud Computing Interface (OCCI) heraus. Die Verwaltung der Speicherressourcen und deren Funktion münden in den Standard Cloud Data Management Interface (CDMI). Die genannten Standards sind noch nicht allgemein akzeptiert. Allerdings erlaubt der zusätzliche technische Service Layer eines sogenannten Cloud Brokers[10] heute schon die Migration zwischen verschiedenen IaaS-Anbietern.

PaaS Auf der PaaS-Ebene differenziert sich das Angebot und zusätzliche Funktionalitäten bilden verschiedene bislang existierende Standards ab. Für die Middleware-Technologie PaaS werden in erster Linie nicht-cloud-spezifische Standards wie HTTP, REST, SSL etc. für die Kommunikation zum Frontend und SOAP, ws-* und XML für die Anbindung von weiteren Cloud-Diensten verwendet. Die Durchsetzung spezieller Cloud-Standards zeichnet sich hier nicht ab.

---

[7] Vgl. auch Computerwelt: Was ist OpenStack? http://www.computerwelt.at/news/detail/artikel/105186-was-ist-openstack/ (abgerufen am 30.8.2014).

[8] Vgl. auch CIO: Der CIO im OpenStack Dilemma. http://www.cio.de/strategien/806045/index2.html (abgerufen am 30.8.2014).

[9] Rene Büst, Crisp Research, http://www.crisp-research.com/die-top-15-open-source-cloud-computing-technologien-2014-2/ (abgerufen am 2.9.2014).

[10] Vgl. NIST Cloud Computing Standards Roadmap, NIST Special Publication 500-291, Version 2, Juli 2013, http://www.nist.gov/itl/cloud/upload/NIST_SP-500-291_Version-2_2013_June18_FINAL.pdf, (abgerufen am 23.9.2014).

SaaS Auf der Ebene von SaaS werden Komplettservices angeboten, bei denen wieder über standardisierte Schnittstellen ein Datenaustausch realisiert werden kann. Diese so genannte fachliche Interoperabilität nutzt unterschiedliche Ebenen, die sich über Dateiformate (z. B. XML, TXT oder CSV), Semantik (z. B. XBRL, FerD), oder Anwendungsfunktionen (z. B. Sicherung/Abzug aller Daten) erstrecken.

7.3   Management

SaaS und PaaS als höhere Service-Ebenen zeigen eine starke Spezifizierung der Dienste verschiedener Anbieter, so dass ein Umstieg zwischen verschiedenen Anbietern zumeist mit einigem Aufwand verbunden ist. Aber sogar auf der Ebene von IaaS, deren Leistungen inzwischen durchaus gängig sind, zeigen sich Unterschiede in den technischen Details. Wegen der unterschiedlichen APIs ist ein unterbrechungsfreier Transfer von Arbeitslasten zwischen verschiedenen Anbietern oder gar ein Cloud Bursting, bei dem zusätzliche Rechen- und Speicher-Ressourcen bei Erreichen von Last-Obergrenzen automatisch zugeschaltet werden, immer mit weiterer Automatisierungslogik bzw. Anpassung der Schnittstellen verbunden.

Beim Transfer von IaaS können Anwender jedoch – im Gegensatz zu SaaS und PaaS – zu einem Hilfsmittel greifen: Cloud Broker oder Cloud-Management-Systeme sind zusätzliche Service-Ebenen oberhalb der Virtualisierungsschicht. Cloud Broker bieten nicht nur Übersichten über Preise und Leistungen verschiedener IaaS, sondern ermöglichen bisweilen – wie auch manche Cloud-Management-Systeme – die Migration von Arbeitslasten zwischen verschiedenen Plattformen. Cloud Broker sind noch ein relativ junges Kapitel in der Welt des Cloud Computing. In einer Welt, die aber gemeinsame Standards immer noch vermissen lässt, erweisen sie sich als Übergangslösungen, um den Anwendern Freiheit in der Nutzung von Cloud Services zu verschaffen und Vendor Lock-ins zu vermeiden – zumindest auf der Ebene von IaaS. Cloud Broker ermöglichen damit das Management von Multi-Clouds. Neben verschiedenen Anbietern gibt es hier auch Open-Source-Lösungen.[11]

---

[11] https://mycloudportal.in/product (abgerufen am 26.8.2014).

Fazit 8

Die Nutzer haben sich längst entschieden, die Analysten verbriefen es: Cloud Computing hat sich von einem zunächst merkwürdig beäugten Hype längst zu einer ernst zu nehmenden Sourcing-Alternative entwickelt, die die traditionelle IT-Produktion sinnvoll ergänzen kann. Die aktuelle Diskussion dreht sich immer stärker darum, wie Cloud Computing in einer konkreten Unternehmenssituation nutzbringend eingesetzt werden kann. Dabei schwingt auch immer die Frage nach einer Cloud Compliance mit, die nicht verhindernd, sondern konstruktiv einen Rahmen für den Einsatz im Unternehmen schaffen muss.

Doch noch kann Cloud Computing sein volles Potenzial für die Unterstützung von Business-Prozessen nicht ausspielen. Denn es gilt zunächst, auf der technischen Ebene einige Voraussetzungen zu schaffen: Solange die Anbieter einen Flickenteppich von Services präsentieren, die auf verschiedensten Standards basieren, ist das zentrale Versprechen des Cloud Computing nach Wahlfreiheit, dynamischer und einfacher Nutzung nicht erfüllt. Anbieter, die darüber hinaus traditionelle Angebote mit Cloud-Labeln versehen und dabei zentrale Kriterien für Cloud Computing nicht abbilden, erweisen sich als weiterer Hemmschuh für die Akzeptanz. Denn „aus der Cloud" bedeutet noch lange nicht Cloud Computing.

Die Diskussion darüber, was Cloud Computing ist, ist also gar nicht falsch. Wünschenswert wäre jedoch vielmehr, die Voraussetzung dafür zu schaffen, dass Cloud Computing hinsichtlich seiner Business-Funktionalität diskutiert werden kann und nicht immer grundlegende technische Fragen geklärt werden müssen. Eine Lösung dafür können Open Source Standards wie OpenStack sein, die über Unternehmensgrenzen hinweg entwickelt werden.

© Springer-Verlag Berlin Heidelberg 2015
G. Münzl et al., *Cloud Computing als neue Herausforderung für Management und IT*, essentials, DOI 10.1007/978-3-662-45832-7_8

Was Sie aus diesem Essential mitnehmen können

- Aktuelle Beschreibung der Marktentwicklung
- Fundierte Einschätzung von Cloud Computing: Hype oder substanzielle Errungenschaft?
- Wie sollte Cloud Computing in die IT-Strategie eingebunden werden
- Wichtige Hinweise für die Einführung von Cloud Computing im Unternehmen
- Grundlagen zur Abwägung von Chancen und Risiken

© Springer-Verlag Berlin Heidelberg 2015   53
G. Münzl et al., *Cloud Computing als neue Herausforderung für Management und IT*, essentials, DOI 10.1007/978-3-662-45832-7